Dos cadernos de receitas às receitas de latinha

INDÚSTRIA E TRADIÇÃO CULINÁRIA NO BRASIL

A autora e a Editora Senac São Paulo fizeram todos os esforços para contatar autores das imagens reproduzidas neste livro e pedem desculpas caso tenha havido algum equívoco nos créditos. Caso isso tenha acontecido, por favor, entre em contato com a editora para que seja corrigido na próxima edição.

Dados Internacionais de Catalogação na Publicação (CIP)
(Jeane Passos Santana CRB 8ª/6189)

Oliveira, Débora
Dos cadernos de receitas às receitas de latinha: indústria e tradição culinária no Brasil / Débora Oliveira. – São Paulo: Editora Senac São Paulo: 2013.

ISBN 978-85-396-0258-2

1. Gastronomia 2. Culinária Brasileira – História 3. Receitas I. Título.

12-038s CDD-641.5981

Índice para catálogo sistemático:

Gastronomia: Culinária Brasileira 641.5981

DÉBORA OLIVEIRA

Dos cadernos de receitas às receitas de latinha

INDÚSTRIA E TRADIÇÃO CULINÁRIA NO BRASIL

Editora Senac São Paulo – São Paulo – 2013

Gerente/Publisher: Jeane Passos Santana (jpassos@sp.senac.br)
Coordenação Editorial: Márcia Cavalheiro Rodrigues de Almeida (mcavalhe@sp.senac.br)
Thaís Carvalho Lisboa (thais.clisboa@sp.senac.br)
Comercial: Jeane Passos Santana (jpassos@sp.senac.br)
Administrativo: Luís Américo Tousi Botelho (luis.tbotelho@sp.senac.br)

Edição de Texto: Vanessa Rodrigues
Preparação de Texto: Patrícia Vilar
Revisão de Texto: Luiza Elena Luchini, Luciana Lima (coord.), Isaura Kimie Imai Rogner, Sandra Brazil, Thiago Blumenthal
Projeto Gráfico, Capa e Editoração Eletrônica: Flávio Santana e Fabiana Fernandes
Foto da Capa: Vetta Stock Photo
Impressão e Acabamento: Rettec Artes Gráficas

Editora Senac São Paulo
Rua Rui Barbosa, 377 – 1º andar – Bela Vista – CEP 01326-010
Caixa Postal 1120 – CEP 01032-970 – São Paulo – SP
Tel. (11) 2187-4450 – Fax (11) 2187-4486
E-mail: editora@sp.senac.br
Home page: http://www.editorasenacsp.com.br

Sumário

Nota do editor

Em depoimento sobre a doçaria baiana do final do século XIX publicado em um livro de Gilberto Freyre, o folclorista Renato Almeida ressalta o poder de sedução exercido por esses quitutes, diferentemente do que ocorria com as refeições "salgadas". Dissociadas do sustento diário do corpo e da rotina, as criações com açúcar se vinculavam ao agrado e a funções que ultrapassavam o âmbito da alimentação e adentravam as relações sociais.

Débora Oliveira esmiúça esse papel do doce na cozinha e na sociedade para ilustrar a transformação pela qual passou a aprendizagem culinária ao longo do século XX. A educação promovida pelas mães deu espaço para a indústria, que mostrou à dona de casa como uma lata podia desempenhar utilidades diversas: a de recipiente para produtos capazes de substituir ingredientes; a de veículo para receitas impressas nos rótulos; a de "medidora", em substituição a itens usados para determinar quantidades, como a xícara. A autora analisa preparações clássicas do repertório nacional – o Arroz-doce, o Bolo de Fubá e o Quindim – para explicar como o leite condensado e o liquidificador, por exemplo, tornaram-se emblemas de uma nova cultura da vida doméstica.

Cuidadoso na pesquisa, esmerado em detalhes e enriquecido com imagens históricas, *Dos cadernos de receitas às receitas de latinha* vem reforçar a tradição da Editora Senac São Paulo como referência em estudos gastronômicos.

Prefácio

❖ O saber culinário

O saber culinário é uma esfera de conhecimento direta, empírica, mas também tem a sua teoria, cuja forma mais concreta são as receitas. O saber direto, experiencial, que se traduz na busca nas partes específicas de cada planta ou animal do seu gosto particular que permita decifrar alimentos, remédios e venenos, encarnou-se numa mais que milenar cultura do saber fazer, que vem do preparo dos cereais do Neolítico até os usos dos alimentos cosmopolitizados na expansão moderna dos intercâmbios.

Mais recentemente, esses costumes ancestrais das farinhas, das cocções, das mesclas, das fermentações, dos temperos foram substituídos por um *know-how* bem mais homogêneo, patenteado e colonizador: o uso dos produtos industrializados, especialmente no segundo pós-guerra.

O saber ágrafo e anônimo da cultura oral feminina da cozinha, tão desprezado e tão indispensável, começou a ser suplantado por um conjunto de novos produtos, preparos e artefatos.

O liquidificador, a geladeira, a batedeira, o micro-ondas passaram a processar latas, pós e demais produtos industriais, e as empresas criaram receitas e escolas culinárias para transmiti-las.

O livro de Débora Oliveira traz uma narrativa dessas transformações que fizeram do leite condensado e do liquidificador mais do que produtos, mas emblemas de uma nova cultura da vida doméstica.

Tradicionalmente, o saber culinário era um atributo feminino, sobretudo das mulheres pobres, muitas, inclusive, vivendo dos seus ofícios de quitandeiras ou cozinheiras desde o período colonial. A cozinha da sobrevivência não será estranha a uma arte de comer bem, mas no âmbito dos alimentos mais refinados é que nasce uma culinária ligada mais ao desfrute do que ao combate à fome. Nesse terreno se destacam particularmente os doces delicados e tentadores.

Por meio de uma investigação minuciosa e ampla, este livro percorre uma história da alimentação que se insere na história da urbanização e da industrialização de São Paulo, quando a cozinha vai sendo objeto de inovações tecnológicas que, desde o fogão a gás até a eletricidade, introduzem novos produtos e alteram antigos hábitos e receitas.

As tradições culinárias da vida doméstica são transformadas, e as receitas de família, de transmissão oral ou em cadernos manuscritos, são substituídas por escolas técnicas de culinária, por receitas nos rótulos dos produtos industriais e por programas de TV.

Enfronhando-se em acervos das próprias empresas, em cartas enviadas pelos consumidores, em histórias de vida, em imagens publicitárias e em livros de culinária, este trabalho constrói um rico panorama que mergulha na história da alimentação em seus aspectos sociais, econômicos e culturais na São Paulo contemporânea.

A doçaria, em especial, é objeto de uma particular atenção, com um pioneiro estudo de história das receitas que persegue, ao redor de mais de um século, as diferenças entre as receitas de três doces emblemáticos de nossa culinária nacional: o Arroz-doce, o Quindim e o Bolo de Fubá, chegando até a época atual, na qual a internet oferece um novo espaço de circulação de saberes e modos de preparos ligados à gastronomia.

Os pudins são quase um momento à parte, pois a autora discute suas transformações com o advento do leite condensado e relata ao menos cinquenta tipos diferentes numa gama riquíssima de opções, hoje em dia relativamente padronizadas.

Se, como dizia Brillat-Savarin, a descoberta de uma nova iguaria é mais importante do que a de uma nova estrela, este livro se dedica a perscrutar no interior dos laboratórios do gosto, tanto os domésticos e antigos como os novos e industriais, para procurar entender como a era industrial alterou um saber essencial da vida material e espiritual dos povos: o saber comer, que remete não só às matérias-primas e aos preparos, como também ao modo de servir, à etiqueta e aos valores imbuídos em cada prato.

No decorrer da industrialização, mudam os produtos, os preparos e os valores. Como diz a autora, "sai o aluá e entram os *cocktails*". A história da diferenciação dos gêneros é fortemente marcada pelas identidades ligadas aos alimentos, e a emancipação feminina, com a incorporação da mulher à força de trabalho, teve grandes repercussões na maneira de comer. Este trabalho também contribui, assim, para uma história social das identidades de gênero, destacando, em especial, as condições próprias à emergência das classes médias urbanas e o papel das mulheres em seu interior.

Outro aspecto, ligado ao da história da industrialização, é o que se refere aos novos artefatos e os ensinamentos culinários que eles trazem consigo. Um caso em particular é o da indústria Walita, cuja história familiar da empresa e de sua escola de culinária é vivamente narrada neste livro.

O trabalho ligado ao alimento já foi especialização dos escravos domésticos que cumpriam as ordens das sinhás, mas punham de suas próprias mãos certos ingredientes e certo modo de fazer que o caracterizaram de forma peculiar. Do trabalho escravo ao alienado para uma elevação à condição de expressão artística, a cozinha representou não só um espaço prático como um conjunto de valores. A análise histórica e sociológica da cozinha – e em especial da culinária como um campo específico do conhecimento – ainda é um tema pouco desenvolvido em nosso país. Este livro traz uma contribuição importante para uma história dos saberes dos sabores como uma dimensão central da vida social.

Henrique Soares Carneiro é historiador e professor doutor de História Moderna na Universidade de São Paulo (USP)

Agradecimentos

Foram muitas as pessoas que, ao longo dos três anos de pesquisa para a elaboração deste trabalho, compartilharam comigo o interesse pelo tema da aprendizagem culinária no Brasil. Algumas contribuíram sugerindo bibliografia, discutindo ideias, avisando sobre matérias e programas divulgados na imprensa ou ainda emprestando livros antigos, como fez a Cecília. A todas elas sou verdadeiramente agradecida.

Débora Fontenelle foi uma pessoa que acompanhou várias etapas deste projeto, e o fato de, mesmo com sua agenda apertada de trabalho, tê-la sempre disponível para localizar materiais, lembrar aspectos relevantes e ler os esboços iniciais foi um presente especial. A boa vontade de Danilo Gava Caim, Eufe dos Santos e Marilene Piedade em concederem entrevistas também foi fundamental – sem esses depoimentos, muitas lacunas permaneceriam abertas.

Também não poderia deixar de mencionar o trabalho sério e muito bem organizado de recuperação da memória da Nestlé no Brasil que Solange Peirão e sua equipe realizam. Impossível esquecer a boa vontade para compreender os meus atrasos decorrentes do trajeto do interior de São Paulo para a capital, e a paciência de procurar os documentos junto comigo.

Sou especialmente grata ao orientador deste trabalho, o professor doutor Henrique Soares Carneiro, que desde o primeiro *e-mail* se mostrou receptivo e tranquilo, ouvindo minhas dúvidas, abrindo as portas de sua casa e de sua biblioteca, apresentando autores e trabalhos reveladores. Agradeço também ao professor Robert Sean Purdy, que no exame de qualificação para o mestrado sugeriu uma leitura que revelou-se fundamental para a compreensão do tema abordado, que foi a obra de Brian Owensby. As aulas ministradas pelos professores Elias Thomé Saliba e Cecília Helena L. de Salles Oliveira foram igualmente preciosas.

Por fim, em todos os momentos, pude contar com a minha família – o Edmam, meu companheiro de vida, sempre incentivando, respeitando e compreendendo a importância desta pesquisa para mim. Você é o cara! Meus filhos, Gabriel e Mathias, que dividem comigo o gosto pela história. Meus pais, dr. Paulo e professora Dea, que souberam plantar em todos os filhos o gosto pelo estudo e pela pesquisa acadêmica, e minha irmã, Lavínia, que parecia adivinhar meus momentos de dúvida, telefonando para prestar o apoio necessário nas horas certas.

A todos vocês, muito obrigada, de coração!

Apresentação

A escassez de pesquisas em torno da história da alimentação brasileira chama a atenção já há algumas décadas. Em um texto de 1995, o historiador Carlos Roberto Antunes dos Santos observou que o grande público se habituara a ver estudos realizados nos domínios mais convencionais – por exemplo, história política, das instituições, das ideias –, e que, além desses temas mais tradicionais, a ciência histórica também se desenvolvia de acordo com alguns modismos (o que, ainda segundo ele, afetava as ciências humanas de maneira geral). Sobre a carência de estudos sobre a alimentação em especial, esse pesquisador foi taxativo: "Uma história dos alimentos, do abastecimento, da propriedade rural, do campesinato foi produzida, com raras exceções, como uma história de pitoresco" (Santos, 1995, p. 11).

O que dizer, então, deste projeto, que se propõe a analisar a construção do saber culinário em um momento específico da história do Brasil? Analisar receitas das primeiras décadas do século XX, em cadernos de família, e compará-las com as publicações dos anos 1960 e as do final do século, veiculadas na internet, bem como voltar o olhar para a vida de donas de casa e mulheres anônimas, poderia em um primeiro momento parecer uma atividade "pitoresca". Entretanto, as balizas historiográficas publicadas pelos professores

Ulpiano T. Bezerra de Meneses e Henrique Carneiro no final dos anos 1990 mensuraram a amplitude dos temas relacionados à alimentação no mundo ocidental e expuseram de modo claro a lacuna existente no Brasil: entre as mais de seiscentas obras arroladas, apenas 16% eram publicações relacionadas à alimentação brasileira (Meneses & Carneiro, 1997). Nesse sentido, os trabalhos realizados por núcleos de pesquisa ligados à história da alimentação nos últimos anos[1] mostraram que esse panorama está se modificando rapidamente. A discussão sobre a mudança de hábitos alimentares, o impacto da produção de alimentos industrializados no meio ambiente, as questões relacionadas à saúde, o florescimento da culinária *gourmet* e as diversas simbologias a ela atribuídas contribuíram para que o tema da alimentação fosse examinado mais de perto.

Essas questões também permearam minha trajetória profissional durante os 21 anos em que trabalhei com *marketing* de alimentos. Aos poucos, as perguntas foram sendo formuladas: por que saber cozinhar é tão bem-aceito e reconhecido hoje em dia, se há algumas décadas as mulheres "estudadas" se orgulhavam de não saber sequer fritar um ovo? Por que os projetos arquitetônicos mais recentes valorizam a cozinha integrada às áreas de estar, em uma sociedade até então habituada a destinar esse espaço apenas aos serviçais, lugar onde seria inimaginável a presença de visitas importantes?[2]

Na tentativa de encontrar respostas para essas perguntas, iniciei este trabalho. E, contrário ao que eu esperava, em vez de esclarecê-las por completo, surgiram várias outras, dada a complexidade da questão. O ato de comer – e tudo o que a ele se relaciona – está carregado de simbologias, e a análise dessas indagações extrapola em muito a abor-

[1] O *site* da Universidade Federal do Paraná (http://www.historiadaalimentacao.ufpr.br) é um bom exemplo dessa mobilização; reúne artigos, teses, resenhas e pesquisas, entre outros textos sobre o assunto.

[2] Vale lembrar que a desvalorização do preparo das refeições cotidianas não é um fenômeno particular do caso brasileiro. Luce Giard, ao tratar do assunto na França dos anos 1970, afirmou que "as práticas culinárias se situam no mais elementar da vida cotidiana, no nível mais necessário e mais desprezado [...]. Esse trabalho é considerado monótono e repetitivo, desprovido de inteligência e de imaginação; é mantido fora do campo do saber" (Giard *apud* Certeau, Giard e Mayol, 2005, p. 218).

dagem histórica. As respostas estão diluídas em questões econômicas, sociais, biológicas, agrícolas e éticas; envolvem aspectos de saúde pública, nutricionais e também culturais. Decidi, então, concentrar minha atenção nas transformações ocorridas no meio urbano, em cidades como São Paulo e Rio de Janeiro, relacionando a maneira de cozinhar com a oferta de produtos para cozinha e com os alimentos industrializados oferecidos a partir das primeiras décadas do século XX.

Assim, procurei analisar a forma de aprendizagem culinária dividindo-a em quatro aspectos distintos, expressos nos quatro capítulos deste livro. No primeiro deles, busquei identificar as mudanças de comportamento ocorridas no universo doméstico feminino, enfocando os papéis destinados às mulheres das classes economicamente favorecidas e às mulheres pobres, tentando estabelecer a sua relação com o trabalho na cozinha. No segundo capítulo, trato de modo mais específico sobre o lugar que as receitas doces ocupam em nossa sociedade e a maneira como foram se modificando ao longo dos anos. Para tanto, analisei três receitas que permaneceram durante o século XX: do Arroz-doce, do Quindim e do Bolo de Fubá. No terceiro e no quarto capítulos, dirigi a atenção para a influência que as indústrias de alimentos e de eletrodomésticos exerceram na educação culinária, valendo-se de divulgação de receitas nos rótulos dos produtos e em folhetos gratuitos e da realização de aulas de culinária por todo o país.

Se por um lado esse percurso forneceu um vasto material para análise (que também não chegou a ser trabalhado em todos os seus aspectos!), por outro fez com que questões de alta relevância acabassem ficando de fora deste trabalho: trato de modo bastante sucinto a influência imigrante, fator fundamental na culinária paulista; também deixo de abordar a relação existente entre a chamada cozinha típica e a formação da identidade, tema que permeia a literatura brasileira, que me encanta e que merece ser analisado em profundidade.

E, embora tenha me esforçado, não trabalho com as imagens da maneira que gostaria: não foram incluídos os filmes publicitários, boa parte dos anúncios da mídia impressa e as receitas compiladas ao longo da pesquisa. Faltaram-me intimidade com o assunto e a compreensão necessária para trabalhar com esse tema específico, desde a abordagem da Escola de Frankfurt e dos escritos de Walter Benjamim até as obras de Peter Burke (*Testemunha ocular* e *A escrita da história*), passando por artigos que se tornaram referência no Brasil, como os estudos realizados por Ulpiano T. Bezerra de Meneses (*O fogão da Société Anonyme du Gaz: sugestões para uma leitura histórica de imagem publicitária*; *Memória e cultura material: documentos pessoais no espaço público*; *Fontes visuais, cultura visual, história visual: balanço provisório, propostas cautelares*; entre outros) e Elias Thomé Saliba (*A produção do conhecimento histórico e suas relações com a narrativa fílmica*), bem como as publicações produzidas pelo grupo do Laboratório de Estudos dos Domínios da Imagem (Ledi) da Universidade Estadual de Londrina, no Paraná.

Por fim, feitas essas ressalvas, não poderia deixar de mencionar uma frase do educador Neil Postman (2002, p. 175) que ajudou a colocar em seu devido lugar a minha procura por respostas e que talvez expresse a contribuição desta pesquisa no amplo universo da história da alimentação no Brasil: "O mundo não é do jeito que vemos [...] vemos apenas partes de todos".

A tradição culinária na vida doméstica

❖ Mulheres "de sociedade" e a rotina na cozinha

> — Visitas para o jantar! O meu marido tem cada idéia! Convidar pessôas de cerimônia, sabendo que não tenho pratica de dona de casa! Que amofinação!
> — Não te exasperes assim, minha filha. Nada mais fácil que apresentar uma boa refeição... quando se tem quem a cozinhe.
> — A nossa cozinheira é do trivial, e não sei como organizar um jantar apresentável [...]. Não se esqueça de explicar tudo muito bem, porque a culpa de eu nada entender de cozinha, cabe à mamãe.
> — Que tolice! A tua educação e cultura, não se obtem senão com annos de trabalho assíduo, ao passo que em algumas semanas poderás ser um verdadeiro cordon bleau [...]. Não desprezes a cozinha, que é também uma arte.
> — Uma arte que se aprende em algumas semanas!
> — Sim, quando se tem quem nos transmita a experiência de muitos anos [...]. (Maria, 1933, p. 7)[3]

[3] Todas as citações de caráter histórico foram mantidas com a grafia da época. Pelo mesmo critério de refletir com fidelidade o texto original, foi mantida também a grafia original usada nos comentários de internautas reproduzidos neste livro.

Este diálogo entre mãe e filha é parte de um texto extenso registrado nas primeiras páginas do livro *A arte de comer bem*, de 1933. Uma situação hipotética que sintetiza e também simboliza a vida doméstica nas primeiras décadas do século XX, época em que os filhos das classes mais abastadas tinham acesso à escola primária e ao ginásio, onde se aprendiam latim, francês, inglês e disciplinas classificadas como "clássicas" – português, álgebra, geometria, ciências naturais, filosofia, história universal. Para a mulher da elite, além do estudo clássico, também era esperado que soubesse tocar piano. Contudo, após o casamento, ela deveria dedicar-se exclusivamente ao lar, e saber receber fazia parte de suas atribuições.

Segundo Marina Maluf e Maria Lúcia Mott (2006), as três primeiras décadas do século XX foram marcadas por um discurso ideológico vigoroso, cristalizando padrões comportamentais posteriormente convertidos em papéis sociais. A intranquilidade gerada pelos horizontes derivados do desenvolvimento científico e tecnológico em curso ajudou na construção de formas ideais para o comportamento feminino, reduzindo as aspirações da mulher ao papel de "rainha do lar", sustentada pelo tripé "mãe, esposa e dona de casa". Um discurso que encontrava eco no que era pregado pela Igreja, por médicos, por juristas, legitimado pelo Estado e, por fim, divulgado pela imprensa por meio de revistas femininas, almanaques, anúncios publicitários e onde também incluímos obras como *A arte de comer bem*. Composto por doze partes, o livro não traz receitas aleatórias, mas cardápios ordenados de acordo com a ocasião social requerida: "Jantares e almoços de cerimônia; jantares variados para intellectuaes, epicuristas e vegetarianos; pratos especiaes para a roça, para a praia", etc. (Maria, 1933, p. 4). Em cada parte, diálogos entre mãe e filha criam o contexto da situação: a mãe, no papel de agente de uma educação culinária negada à filha, dá pequenas dicas e conselhos para a moça recém-casada.

O tom ideológico de combate à corrosão dos costumes fica claro nessa obra: nunca é tarde para aprender a criar um ambiente familiar harmônico. Se a mulher, quando solteira, não tivesse sido iniciada nos cuidados com o lar para se dedicar ao estudo clássico, depois do casamento o "tempo perdido" poderia ser recuperado. E o resgate viria por meio da figura da mãe, portadora da "experiência de muitos anos". A tentativa é de atenuar aspectos que parecem estar em conflito – a filha culpa a mãe por não lhe ter ensinado culinária, por ter optado pelo caminho da "educação e cultura". E a mãe, por sua vez, tenta dissipar a acusação ao esclarecer que a "arte culinária" poderia ser aprendida em poucas semanas, uma vez que o saber acumulado poderia ser assimilado por meio de um livro. Assim, sua experiência escolar estaria a serviço da leitura de receitas que seriam relatadas às empregadas e da compreensão de regras de etiqueta contidas no próprio livro, inspiradas no padrão europeu de servir e receber.

"Nada mais fácil que apresentar uma boa refeição... quando se tem quem a cozinhe." A própria frase já traz o embrião da questão – a tarefa fácil reside na apresentação das refeições. Tanto é que, nas páginas subsequentes ao referido diálogo, aparecem as informações necessárias sobre o que seria essa apresentação: a maneira de arrumar a mesa, como servir as bebidas que antecedem, permeiam e sucedem a refeição, qual deve ser o traje para um jantar de cerimônia e o procedimento esperado de uma boa anfitriã. Ao culpar a mãe por não "entender de cozinha", a filha se refere a essas coisas e não ao preparo da comida em si. Ecléa Bosi (2007, p. 395), ao analisar o significado da memória em lembranças de velhos, transcreve o relato de Risoleta, cozinheira nascida em 1900. Risoleta, em sua perspectiva de vida, identifica a divisão de papéis nos afazeres domésticos ao narrar as preferências de sua filha Djanira: "Ela gosta de tirar mesa, botar mesa, nasceu com espírito de rico, não ia em fogão nem em tanque" (*ibidem*).

Nem se cogita que a dona da casa possa se ocupar com o preparo das receitas. Muito embora a vida urbana tenha motivado uma série de transformações, algumas funções permaneceram exatamente como eram nos séculos anteriores. Segundo Paula Pinto e Silva (2005), cabiam à sinhá o comando e o acompanhamento do serviço doméstico, no qual estavam incluídas as atividades culinárias. No entanto, as sinhás também não se ocupavam diretamente das atividades mais pesadas, como o preparo de conservas e compotas que demandavam habilidade no manejo das fornalhas e força física para mexer os grandes tachos. E essa ausência, o não envolvimento com esse tipo de atividade, seria por si só motivo de orgulho. Para Máximo da Silva (2002), os anúncios publicitários divulgados nas primeiras décadas do século XX, nos quais a dona da casa aparecia sempre muito bem-arrumada, cozinhando tranquilamente em um fogão a gás, estavam completamente distantes da realidade doméstica. Essa mulher deveria dominar a formulação de cardápios, adequando-os às diferentes situações. A parte árdua – lavar, descascar, picar, refogar, assar, ensopar, fritar, escolher e dosar os temperos – não estaria a seu encargo. E a pergunta que nos fazemos é: por que o ato de cozinhar era considerado indigno para essa jovem senhora dos anos 1930? O que teria mudado na sociedade para que, no final do século XX, a culinária tenha se transformado em objeto de desejo para muitos, inclusive mudando de nome para "gastronomia"? Certamente não há uma resposta única para essa indagação. O que se encontrou foram possibilidades, indícios que podem auxiliar na compreensão dos caminhos tortuosos da educação culinária no Brasil, assunto que será tratado ao longo deste trabalho.

As tarefas repetitivas executadas na cozinha raramente deixam rastros. Constituem a categoria dos ofícios denominados não especializados e que, no caso brasileiro, estão intimamente vinculados ao trabalho que era exercido por escravos domésticos. Essa categoria de ações que se desfazem rapidamente, na qual o preparo da comida pode ser inserido, também é passível de análise numa perspectiva que ultrapassa os limites da realidade nacional para se estabelecer como uma das questões primordiais elaboradas pelo homem ao longo de sua história. A discussão que envolve o esforço humano para obter alimento é abordada por Hannah Arendt (2008) ao analisar a diferenciação entre labor e trabalho. Embora as duas palavras hoje sejam utilizadas como sinônimos, em sua origem designavam realidades distintas. Segundo Arendt, essa diferenciação está presente em vários idiomas: no grego há *ponein* e *ergazesthai*; no latim, *laborare* e *facere*; no francês, *travailler* e *ouvrer*; no alemão, *arbeiten* e *werken*. E em todas essas culturas os equivalentes à palavra labor sempre possuem uma conotação de dor, atribulação ou sofrimento. O termo em francês *travailler* deriva de uma palavra mais antiga, *labourer*, que, por sua vez, tem origem no termo *tripalium*, que significava uma espécie de tortura. No alemão, a palavra *arbeiten* era utilizada para designar o trabalho agrícola exercido por servos, e não o trabalho do artesão, expresso pelo termo *werk*. Ainda segundo a autora, na Grécia antiga a escravidão do labor era a própria condição servil imposta por Zeus ao homem, que foi rebaixado e privado de uma situação anterior privilegiada.[4] Laborar significava ser escravizado pela necessidade de ter de lutar pela sobrevivência, em última análise, o drama da condição humana. Uma imagem que também faz parte da tradição judaico-cristã[5] e que se tornou, sob certo sentido, um arquétipo. A autora ressalta, entretanto, a impossibilidade de entender o trabalho servil exercido pelos escravos da era moderna com a visão antiga sobre o labor praticado por mão de obra cativa:

> [...] a opinião de que o labor e o trabalho eram ambos vistos com desdém na Antiguidade pelo fato de que somente os escravos os exerciam é um preconceito dos historiadores modernos. Os antigos raciocinavam de outra forma: achavam necessário ter escravos em virtude da natureza servil de todas as ocupações que servissem às necessidades de manutenção da vida [...]. Ao contrário do que ocorreu nos tempos modernos, a instituição da escravidão na Antiguidade não foi uma forma de obter mão de obra barata nem instrumento de exploração para fins de lucro, mas a tentativa de excluir o labor das condições da vida humana. (Arendt, 2008, p. 94)

Assim, ocupar-se com o preparo das refeições e repetir essa mesma função dia após dia não seria trabalho, mas labor. E, como tal, não deveria ser exercido por pessoas que não precisassem lutar diretamente por sua sobrevivência. Brian Owensby, em seu estudo sobre a formação da classe média no Brasil, esclarece que o preconceito com

[4] Esse castigo de Zeus está descrito nos relatos míticos de Prometeu e Pandora. A condenação do homem à luta pela sobrevivência é relatada na *Teogonia* de Hesíodo. O livro *Mitologia grega*, de Junito de Souza Brandão (1986), descreve o assunto em detalhes.

[5] No livro do Gênesis, capítulo 3, versículos 17 e 19, após Eva ter comido e oferecido a Adão o fruto proibido, Deus condena o homem ao labor e à mortalidade: "[...] maldita é a terra por tua causa: em fadigas obterás dela o sustento durante os dias de tua vida. [...] No suor do teu rosto comerás o teu pão, até que tornes à terra, pois dela foste formado: porque tu és pó e ao pó tornarás".

as atividades manuais foi ainda mais arraigado por conta dos séculos de escravidão:

> [...] Há séculos, fazendeiros se orgulhavam de seu tempo livre e do fato de não precisarem sujar as mãos com trabalho manual. O desdém pelo trabalho manual era mais profundo que a fina crosta da elite. [...] Cirurgiões poderiam ter dificuldade em se casar com moças de famílias de elite, pois a cirurgia era vista como similar ao trabalho manual exercido por barbeiros. (Owensby, 1999, p. 16)

O traço do labor fica mais nítido na chamada "cozinha salgada" ou trivial. Os doces delicados, que trazem consigo a simbologia do agrado e da lembrança, em certa medida, fogem do padrão mais rústico da cozinha cotidiana. Tanto é que os docinhos coloniais costumam estar associados às palavras Sinhá ou Iaiá. São seus atributos a delicadeza, a suavidade, o aconchego e o acolhimento, características também identificadas com a figura feminina, a mulher de origem europeia, seja ela freira ou "dona". A confecção do "doce erudito", como define Renato Almeida[6] (*apud* Freyre, 1997, p. 205), não guarda relação direta com o sustento diário do corpo e, mais facilmente, pode ser dissociada da ideia de obrigação ou de rotina. Ao contrário, esse tipo de doce parece estar vinculado ao prazer e às funções que ultrapassam o âmbito da alimentação para adentrar na esfera das relações sociais. É ainda no depoimento do folclorista sobre a doçaria baiana do final do século XIX que se pode identificar outro atributo do doce de então – o poder de sedução exercido pelo esmero em sua apresentação, coisa que não ocorria com a comida de sal, servida sem muito cuidado na finalização: "Os pratos de comida, naquela época, não tinham a apresentação sofisticada de hoje, não tinham, via de regra, o colorido nem eram enfeitados que nem os doces. Podiam ser excelentes, mas faltava-lhes sugestão. Os doces, sim, eram bonitos" (*ibid.*, p. 202).

[6] Na definição do folclorista, os "doces eruditos" seriam bolos, bem-casados, papos de anjo, babas de moça, ambrosias, siricaias, sequilhos, pães de ló, bolos ingleses, bons-bocados, mães-bentas, etc.

Não precisar aplicar o conhecimento adquirido com a educação formal no mercado de trabalho, poder pagar por empregados domésticos aptos ao labor, bem como possuir os novos bens manufaturados produzidos pelas indústrias norte-americanas e europeias, eram símbolos de *status* exibidos por mulheres pertencentes às classes dominantes e que passaram a ser almejados pela classe média urbana em formação. Esses elementos também atuavam como um divisor entre as famílias de classe média e as classes trabalhadoras. A esse respeito, o livro de Owensby traz informações preciosas, que convergem para os aspectos mencionados por Arendt:

> A segunda diferença entre os orçamentos típicos da classe média e da classe trabalhadora eram os empregados. Famílias de trabalhadores raramente os possuíam. Nas famílias dos respeitáveis homens de colarinho branco, seria obrigatório ter ao menos um empregado. Era mais que uma mera questão de ter alguém para limpar a casa. Significava que homens e mulheres de classe média podiam projetar ao mundo o fato de que eram livres, ao menos simbolicamente, dos mais degradantes trabalhos manuais envolvidos em trabalhos domésticos. (Owensby, 1999, p. 107)

A figura da cozinheira ou da empregada torna-se, então, fundamental: na ausência de escravos domésticos, ela responderá pelo labor na cozinha, tornando "simples" a execução de um jantar formal, além de conferir *status* a sua patroa. A dona de casa pertencente às camadas sociais mais altas no início do século XX deveria saber orientar suas criadas e ocupar-se do lar da mesma maneira que sua mãe, avó e bisavó faziam, mas em um contexto urbano completamente diferente e, portanto, orientando-se por outras regras. Os novos locais públicos para a realização de festas e jantares na cidade tornam-se referência para uma elite ansiosa em adaptar-se ao padrão culinário francês. Padrão que, não raro, é retratado em charges de revistas populares, revelando a exclusão de uma parcela significativa da população, distante do *glamour* e da modernidade divulgados na época.

Os capítulos apresentados no livro *A arte de comer bem* indicam a existência de cardápios apropriados para as novas situações urbanas:

os "jantares de cerimônia" ou "jantares para convivas estrangeiros", repletos de receitas de inspiração europeia características da *belle époque* brasileira[7] – "Galantines, Batatas Duqueza, Torta Alemã, Espargos com Diversos Molhos, Costeletas de Carneiro à La Belle-mére" (Maria, 1933, pp. 54, 55, 93, 113) – contrapõem-se aos "pratos especiaes para a roça", apresentados na parte final do livro. Surgem, então, receitas como "Tutu com Lingüiça e Ovos, Pirão de Farinha, Passoca" (*ibid.*, pp. 404-405) e também pratos que expressam a rusticidade dos tempos da Colônia e do Império,[8] cujo consumo, nesses novos tempos, deveria ficar restrito à vida nas fazendas: "Tatu Assado, Macuco Estufado, Passarinhos Fritos, Taioba de Molho" (*ibid.*, pp. 407, 413, 412, 414). Receitas que, sem dúvida, faziam parte do cabedal culinário de escravas quituteiras, mas que talvez tenham ficado perdidas no período em que a vida na cidade acenava com a possibilidade de melhores oportunidades para um imenso contingente de pessoas, tanto imigrantes quanto migrantes.[9]

[7] Sobre a *Belle Époque* experimentada pelas elites em São Paulo, o livro *Villa Kyrial*, de Marcia Camargos (2001), traz uma contribuição significativa, estabelecendo as relações entre a vida social e a cultural desenvolvidas na época.

[8] O aspecto "rústico" verificado nos hábitos alimentares da população paulista não parece destoar muito do das demais cidades brasileiras na época, exceção feita ao Rio de Janeiro, que, por influência da chegada da família real, começa a assimilar valores relacionados ao "mundo civilizado". Com a abertura dos portos, a Corte começa a oferecer ingredientes importados até então desconhecidos pela população local. Segundo Cristiana Couto, passam a ser consumidas "couves, pepinos, alhos-porós, cebolas e hortaliças africanas, além de frutas como melancia, jaca, manga e jambo-rosa, provavelmente oriundas do comércio entre Portugal e as Índias Orientais" (Couto, 2007, p. 90).

[9] Segundo Máximo da Silva, após a abolição de 1888, havia "um grande contingente de trabalhadores desempregados nos centros urbanos, disponíveis para as atividades domésticas" (Silva, 2002, p. 123).

Figura 1.1. Belvedere do Trianon, em São Paulo, em 1916.

Fonte: GERODETT, João Emílio & CORNEJO, Carlos. *Lembranças de São Paulo: a capital paulista nos cartões-postais e álbuns de lembranças*. São Paulo: Solaris,1999, p. 133.

O Patrimonio do Povo

"BELVEDERE" DO BRAZ

Figura 1.2. Charge de Voltolino publicada no mesmo ano na revista *A Cigarra* satiriza a construção do Belvedere do Trianon.

Fonte: PORTA, Paula (org). *História da cidade de São Paulo: a cidade na primeira metade do século XX 1890-1954*. Vol. 3. São Paulo: Paz e Terra, 2004, p. 243.

Cabe também ressaltar que os novos preceitos de higiene propagados no início do século, fortemente explorados pelos fabricantes de equipamentos para a cozinha e de alimentos industrializados, contribuíram para que o conhecimento das antigas cozinheiras fosse relegado a um segundo plano. Esse saber precisaria se adequar à vida moderna e, em um primeiro momento, as próprias empresas ligadas ao setor alimentício se encarregaram de divulgar essa nova maneira de cozinhar.[10] A fórmula dos diálogos apresentada em *A arte de comer bem* permite entrever que essas mudanças estão em curso e já fazem parte do discurso oficial que visa nortear a vida das mulheres:

> — Minha filha: [...] Não te souberam preparar o porco, as caças e os quitutes? Deixa de te lastimar. Junto algumas novas receitas, que te servirão bastante, durante a tua estadia na fazenda [...]. Apresento em primeiro lugar: o Porco – a victima predileta da cozinha roceira. (Maria, 1933, p. 401)

Novamente parece ser o registro de receitas coletadas da oralidade para a forma escrita, ajustadas às práticas higiênicas vigentes e às receitas oriundas da culinária europeia, a solução encontrada para que a culinária brasileira adentrasse no mundo moderno. Vale lembrar que o próprio livro *A arte de comer bem* conta com anúncios de empresas atuantes no mercado de alimentos como Royal, Fábrica Colombo (produtora de doces em lata como marmelada, goiabada, pessegada, etc.), Colortabs (corantes alimentícios para o preparo de doces) e a própria Société Anonyme du Gaz, que veicula o seu "Curso para cosinheiras e donas de casas" na cidade do Rio de Janeiro. Vale ressaltar, entretanto, que, no extremo oposto à vida das damas bem-nascidas, que buscavam se nortear pelas novas regras sociais do mundo urbano, vê-se a dura rotina de mulheres cuja sobrevivência dependia exclusivamente de seu labor. Um problema social herdado do período escravocrata e que foi vivenciado por várias categorias de mulheres pobres.

[10] Esta questão será retomada na discussão sobre o papel das empresas no ensino da culinária, no capítulo 3.

❖ Mulheres pobres e a rotina culinária

Retrocedendo ao século XIX, é possível encontrar parte da história dessas mulheres que viviam de seu ofício. Viúvas brancas empobrecidas sobreviviam por meio do labor de "negras de ganho",[11] vendendo quitandas nas ruas da cidade de São Paulo. Segundo Maria Odila Dias (1995), era uma atividade tipicamente urbana e razoavelmente difundida, em que pese seu caráter anônimo, já que não rendia dividendos ao fisco.[12] Ernani da Silva Bruno relata a atividade de negras quitandeiras ao longo do século XIX, função que auxiliava na complementação da dieta frugal da população da cidade, sobretudo dos estudantes de direito: "Eram doces e toda espécie de quitutes preparados em muitas casas e negociados nas ruas, na frente das igrejas e do teatro, pelas caipiras e pelas negras quitandeiras – as da rua das Casinhas e outras – que vendiam ainda saúva-fêmea torrada" (1954, p. 626).[13]

São muitas as histórias de pessoas que se deslocam para São Paulo entre o final do século XIX e a primeira metade do século XX em busca de uma vida melhor. No ano de 1890, a cidade contava com 64.934 habitantes, e em 1934 havia 1.326.261 – ou seja, a população aumentou mais de quinze vezes (Souza, 2003). Em 1920, um em cada cinco habitantes do estado de São Paulo era estrangeiro, e 25% desse total estava na capital. Mas o crescimento populacional continua a ocorrer por conta do deslocamento interno, sobretudo de pessoas provenientes das regiões Norte e Nordeste do país. No imaginário coletivo, permanecem as trajetórias de imigrantes de sucesso como a

[11] Negras e negros de ganho eram escravos que percorriam toda a cidade trabalhando para seus próprios senhores ou, principalmente, contratados por terceiros para serviços eventuais.

[12] Segundo a autora, um dos recursos utilizados para driblar as taxas de licença para a comercialização de alimentos era a alternância de escravos nas ruas.

[13] Sobre esse costume, o autor esclarece que a saúva torrada era consumida ainda em meados do século também pelas famílias paulistanas tradicionais. Citando Couto Magalhães, revela que "mais tarde a saúva só era consumida, entre essas famílias, às escondidas, e isso depois que o poeta estudante Julio Amando de Castro, em pleno teatro de gala, pois era um Sete de Setembro, bateu palmas e recitou: 'Comendo içá, comendo cambuquira, vive a afamada gente paulistana'" (Couto Magalhães *apud* Bruno, 1954, p. 638).

de Francisco Matarazzo, que chega ao país em 1881 com apenas uma carga de toucinho (que naufraga no litoral brasileiro) e um montante em libras esterlinas e que, ao falecer, em 1937, deixa um império industrial a seus herdeiros.[14] Paralelamente a essas histórias de sucesso, há as vidas de milhares de pessoas anônimas, que trabalhavam como operários ou estabelecendo pequenos comércios "com a porta para a rua", expressão utilizada por Maria Luiza Ferreira de Oliveira (2005) para designar a atividade de donos de armazéns, relojoarias e barbearias, entre outros, muitos dos quais perdiam seu pequeno patrimônio por conta de dívidas não saldadas.[15] Por fim, escondido sob as estatísticas de desemprego ou de crescimento populacional, há um grupo de pessoas que vivem à margem do sistema produtivo e cuja vida revelam os conflitos e os dilemas típicos de seu tempo. Marc Bloch, ao discutir o tempo histórico e a avidez de determinadas linhas historiográficas em encontrar uma origem explicativa para os fatos, esclarece que:

> [...] nunca se explica plenamente um fenômeno histórico fora do estudo de seu momento. Isso é verdade para todas as etapas da evolução. Tanto daquela em que vivemos como das outras. O provérbio árabe disse antes de nós: os homens se parecem mais com sua época do que com seus pais. (Bloch, 2002, p. 60)

Assim, a observação de trajetórias individuais revela muito sobre esse período de transformações da mentalidade rural para a mentalidade urbana em São Paulo, mudanças que também ocorrem na relação das pessoas com a produção, com o consumo de alimentos e também com a educação culinária prática.

[14] Matarazzo, segundo Souza (2003), chega a ter 365 empresas, totalizando 30 mil operários e cerca de 5 mil trabalhadores rurais. No dia de sua morte, o comércio de São Paulo fechou suas portas e as fábricas suspenderam o trabalho.

[15] A análise de inventários com os quais a autora trabalhou revela a dificuldade que essas pessoas, geralmente imigrantes, tinham para se estabelecer. Em alguns casos, "o passivo da herança, sem contar os juros do principal credor, ultrapassava o ativo" (Oliveira, 2005, p. 227).

Foram escolhidas, portanto, duas histórias de mulheres que viveram as primeiras décadas do século XX, ganhando seu sustento com o labor doméstico, fazendo uso da prática culinária. Uma delas, a da paraibana Silvina Celina da Costa Pereira, foi colhida em sessões de entrevistas com uma de suas filhas. A outra é a de Risoleta, apresentada em seguida de forma resumida por já fazer parte do livro de Ecléa Bosi (2007) sobre as lembranças de velhos, trabalho amplamente divulgado. Aqui, procuramos dar um enfoque diferente da discussão sobre a memória abordada por Eclea: o objetivo é o de resgatar aspectos da relação desenvolvida entre as mulheres mais pobres com o preparo da comida, buscando identificar como essa atividade era percebida e recebida pelo restante da população.

Dona Risoleta vivenciou a transição do sistema escravocrata para a vida livre nas cidades. Filha de escravos domésticos que permaneceram nas terras de seus ex-senhores, na região de Campinas, foi criada dentro do serviço doméstico. Com 8 anos já acordava de madrugada, cuidava da criação, varria o quintal, preparava o café da manhã para sua família e, depois, seguia para a casa da patroa, onde ajudava na cozinha. Aos 13, já se considerava "cozinheira de forno e fogão". Como parte da paga de seu trabalho, a menina recebia aulas para aprender a ler e a escrever, ministradas pela própria sinhá-moça, tarefa que não foi bem-sucedida. Portanto, Risoleta seguiu analfabeta, mas aprendeu a bordar e, também, a dominar os afazeres culinários, ao lado de "uma preta bem velha, mais velha do que eu estou agora, com o dedão do pé torto, na beira do fogão" (*apud* Bosi, 2007, p. 371). Morando ainda na fazenda, não contava com as facilidades encontradas na cidade, como o açougue e o mercado de secos e molhados. Ela mesma preparava a farinha de milho, cortava, retirava as vísceras, a banha e o couro do porco, salgava a carne e, em ocasiões festivas, assava à pururuca. Aprendeu a fazer bolos observando ou provando o que era feito.

Com a morte de sua patroa, no início dos anos 1920, ela permaneceu na família, mas se mudou para o bairro de Higienópolis, em São Paulo, local que havia sido loteado em 1893 e que, nas primeiras décadas do século XX, abrigava a residência das elites (Souza, 2003), caso da irmã de sua falecida patroa. Em 1926, casou-se com um amigo de infância que também morava na cidade e trabalhava como marceneiro. Mas permaneceu casada por pouco tempo – Florêncio faleceu repentinamente, deixando-a grávida de sua terceira filha. Risoleta manteve seu trabalho de doméstica e conseguiu criar as filhas, mas, com o tempo, o salário de 250 mil réis tornou-se insuficiente. Ela resolveu aumentar a renda sublocando um quarto para rapazes que vinham da roça, iniciando assim uma espécie de pensão. Durante o dia, trabalhava na casa de família e, à noite, lavava a roupa de seus hóspedes e aprontava a comida para o dia seguinte.

As referências ao tempo oscilam ao longo do relato: ora Risoleta fala desse período associando-o à infância das filhas, ora o relaciona à transição das meninas para a adolescência, ela mesma buscando coerência para a trajetória de sua vida ao reconstruir sua história. Mas o aspecto de relevância para este trabalho é o fato de que, em determinado momento, Risoleta percebeu que não havia como dar estudo às suas filhas e ter uma vida menos atribulada trabalhando em casa de família. Ela decidiu, então, sair do emprego para investir em sua pensão:

> [...] em casa de patrão não tem liberdade. Agora, como é que vai fazer? Quando disse que ia sair do emprego, minha patroa não queria deixar eu sair: "Onde já se viu uma cozinheira como você dar pensão?!". "Ah, dona, mas eu não vou cozinhar pra cachorro, vou cozinhar pra gente mesmo." Queria educar minha filha e com ordenadinho de patrão... (*apud* Bosi, 2007, p. 389)

Risoleta finalmente alugou uma casa no bairro do Paraíso, na rua Abílio Soares, e estabeleceu sua pensão. O reconhecimento de sua habilidade culinária parece finalmente ter chegado, e ela percebe esse reconhecimento pela maneira como seus clientes a tratavam:

> [...] ali eu era Dona Risoleta, todos me chamavam de Dona Risoleta. [...] Quando era onze horas tinha o almoço pronto, mas era almoço, não era comidinha não. Fazia torta, empada, arroz de forno, leitoa

> assada, pernil. Queimar panela pra fazer um feijão eu não ia não. Queria fazer comida mesmo, mas para família que gostasse de comer bem. Hoje ninguém não quer mais comer, precisa guardar dinheiro. Antigamente fazia suflê, e rocambole disso e daquilo, enfim, saía muita coisa! (*ibid.*, p. 390)

No final de seu depoimento, Risoleta conta que suas filhas concluíram o ginásio na Escola Rodrigues Alves, ganhando o diploma de contabilidade, e orgulha-se do fato de que de todos os seus filhos, inclusive os adotados, aprenderam a ler e a escrever. Observando as receitas que foram mencionadas ao longo de suas memórias, é possível concluir que Risoleta fazia, no fogão a lenha, pratos cujo traço de fartura e rusticidade começavam a entrar em desacordo com o padrão urbano valorizado pelas camadas da alta sociedade. Era o tipo de comida que o livro *A Arte de comer bem* identificava como da "fazenda e da roça". Se, por um lado, não eram os cardápios "chiques" de inspiração europeia, preparados no fogão a gás da cozinha moderna do mundo ideal, também não se encaixavam na caracterização de "comida trivial" do arroz, feijão e "mistura" das camadas populares. Sua prática ficou cristalizada nos livros de receitas que hoje costumam ser atribuídos à culinária mineira ou cozinha típica, que, atualmente, estão devidamente adaptadas ao mundo dos lombos congelados e pernis desossados temperados produzidos pelas indústrias de alimentos. Receitas que foram assimiladas pela classe média em formação e que hoje permanecem na esfera da cozinha tradicional, que alguns chamam "de raiz". O mesmo não aconteceu com as içás torradas, banidas dos livros oficiais e que não foram sequer incluídas como típicas da "culinária bandeirante".

Em sua velhice, já cega, Risoleta orgulha-se quando alguém pede a ela que conte o preparo de suas receitas: "Já me pediram receita de torta de milho, do pudim de mandioca, já pegaram o lápis pra tomar nota. Às vezes eu me lembro tanta coisa, vem tanta coisa boa na minha cabeça!" (*ibid.*, p. 399). Desta maneira, o saber culinário adquirido por força da luta pela sobrevivência, por meio da observação e da prática, finalmente ganha significado ao encontrar o tempo da permanência, do registro na forma escrita.

A história da paraibana Silvina também revela pequenos fragmentos do modo de vida de mulheres brancas empobrecidas e a sua relação com o trabalho culinário nas primeiras décadas do século XX. Nascida em 1895, na cidade do Cuité, filha de um coronel da Guarda Nacional, é criada na fazenda. Aprende a ler, escrever e a realizar as quatro operações básicas da matemática com mestres que passavam temporadas na fazenda. Casa-se, em 1916, com seu primo, Cícero Venâncio dos Santos, e começam a vida em comum abrindo um armazém de secos e molhados. Porém, por volta de 1920, já com dois filhos, o negócio fracassa – um longo período de seca faz com que as dívidas se acumulem, inviabilizando a atividade. Cícero decide vir para São Paulo, para "não ser empregado na terra em que foi patrão". Depois de um breve período em Santos, chegam a São Paulo, em 1922, para morar em um cortiço no bairro do Pari, em meio a um grupo de italianos. Ao longo de seis anos passam por muitas dificuldades, mudando-se constantemente para locais onde o aluguel fosse mais barato. Estranham a comida e a língua diferente dos italianos, sentem falta da fartura e da segurança que tinham no Nordeste.

Em 1928, sua terceira filha, Hilda, morre vítima de tifo. Silvina decide, então, fugir do frio que fazia na cidade indo morar em Santos, onde alguns nordestinos que haviam conhecido durante a viagem para São Paulo estavam estabelecidos. Depois de morar no morro de São Bento, onde nasce sua quinta filha, a família se transfere para o centro da cidade, na rua São Francisco. Silvina já está decidida a ganhar a vida fazendo o que sabe: cozinhar e costurar. Nessa casa no centro de Santos, monta a sua primeira pensão, fornecendo quatro refeições diárias, além de quartos e o serviço de roupa lavada e passada. Mas a clientela flutuante e de poucos recursos faz Silvina buscar outro perfil de hóspedes: as famílias de imigrantes que iam passar temporadas em Santos, tanto de férias como para tratamento de saúde à beira-mar.

Aproveitando o relacionamento que Cícero tem com donos de imobiliárias em seus empregos informais, em 1937, o casal aluga uma casa no bairro do José Menino, bem próxima à praia. Silvina passa o dia entre o fogão e o tanque, preparando as refeições para os hóspedes e cuidando da roupa. À noite, trabalha com a costura, bordando e fazendo rendados para enxovais, que também poderiam ser oferecidos aos hóspedes. A propaganda de boca em boca começa a funcionar, e as reservas, feitas com meses de antecedência, garantem um maior planejamento do orçamento. A frequência constante nas temporadas faz com que alguns hóspedes se tornem amigos, como aconteceu com Margarida Nisti, italiana nascida na Sicília, e Bayge Elias, síria da cidade de Damasco. Uma amizade que possibilitou o aprendizado de novas receitas: alcachofras, berinjela com molho de tomates, charutinho de carne moída preparado com repolho, já que não havia folhas de uvas na região. Pratos que, por sua vez, passaram a fazer parte do cardápio oferecido aos clientes de sua pensão. Desse convívio também surgem novas oportunidades. Silvina monta em um dos cômodos uma pequena loja, na qual artigos comprados nos bairros do Brás e do Bom Retiro, em São Paulo, convivem com seus trabalhos de renda e bordado. Como Risoleta, Silvina também se orgulhava de ter dado estudo a todos os seus seis filhos, sendo que quatro deles conseguiram concluir o ensino superior depois de casados. Já na década de 1950, separada de seu marido, muda-se novamente para São Paulo, cidade em que os filhos já trabalhavam. Abre uma loja de roupas e artigos para costura no bairro da Lapa, atividade que exerce até meados dos anos 1960. Além da educação escolar dada aos filhos, conseguiu, com o resultado de seu labor, comprar algumas das casas nas quais viveu em Santos e também a casa de São Paulo, cidade em que faleceu no ano de 1976.

Nessas duas histórias de vida percebe-se um traço comum: o trabalho na cozinha que se transforma em meio para "ganhar a vida", mas não em um ofício a ser transmitido às filhas. Esse aspecto também é mencionado por Owensby (1999, p. 58) ao citar o romance de Erico Verissimo, *Caminhos cruzados*. Em determinado episódio, o filho comunica seu desejo de trabalhar na loja de tecidos do pai. A resposta da mãe, com um misto de revolta e perplexidade, esclareceria o dilema vivenciado pela classe média, que via apenas na educação, e não no ofício impregnado de preconceito do qual tiravam seu sustento diário, a possibilidade de uma vida mais confortável e digna: "É para isto que um homem estuda dez anos? É para isto que ele luta por um diploma? Para que possa ser um lojista como seu pai, que nunca aprendeu nada a não ser multiplicação, adição, subtração e divisão?". A pensão de família com comida limpa e bem temperada por certo tinha o seu público fiel, assim como a pequena loja de tecidos e bordados, mas, naquela época, estava longe de ser um estágio para alcançar um negócio próspero, capaz de propiciar ascensão social e um relativo reconhecimento.

O desejo de fazer seus filhos estudarem para ter uma vida melhor, longe do labor, era o sonho partilhado por pessoas das classes trabalhadoras e também da classe média em formação. Uma aspiração que estava em consonância com os valores da época e que, na visão de Owensby, foi amplamente retratada sob a forma de romances de grande sucesso ao longo da década de 1940, como nos livros *Éramos seis* e sua continuação, *Dona Lola*, de Maria José Dupré. Ainda segundo Owensby (1999), a importância dada à educação, que seria a chave para encontrar um lugar social e econômico de maior respeitabilidade, desdobra-se então em questionamentos sobre os valores e as atribuições adotados por pessoas ricas, pobres e também de classe média, sugerindo o clima de ansiedade e dúvida sobre onde se encaixar em uma sociedade em rápida transformação. Mantendo essa linha de raciocínio, o autor afirma que o surgimento da classe média seria, em suma, a resultante de dois processos concomitantes: a urbanização e a "*salarization*" decorrente das novas oportunidades de empregos desvinculados do aspecto manual. No que tange à valorização do estudo, a diferença de perspectiva entre a classe média de então e a classe trabalhadora residiria na quantidade de tempo gasto na escola.

Owensby (1999) afirma que, para as famílias de trabalhadores, poder manter os filhos afastados do trabalho até a conclusão do curso primário era o objetivo a ser alcançado. Já para a classe média, o ideal seria a manutenção do ensino além desses anos básicos. Se para os homens as alternativas de ascensão eram os empregos públicos e as profissões liberais, para as mulheres o leque era mais restrito: magistério e contabilidade seriam as profissões mais indicadas (ambas ofereciam a possibilidade de uma jornada de trabalho mais curta, de meio expediente). Mas o discurso veiculado na época, como já mencionado, reforçava que o ideal feminino seria a não necessidade de exercer qualquer tipo de profissão.

Observam-se, então, pelo menos três situações distintas: para as mulheres da camada mais alta da sociedade, o caminho a ser trilhado era o do estudo formal, englobando o curso primário e o ginásio "clássico", seguido de um bom casamento. Para as moças da classe média, o horizonte era o do estudo formal acrescido de uma profissão que lhe garantisse um salário, mas que não impossibilitasse sua dedicação ao lar. Para as moças das classes menos favorecidas havia ainda um terceiro caminho – a escola primária seguida de cursos técnicos.

O segundo aspecto extraído do diálogo apresentado no livro *A arte de comer bem* diz respeito à educação culinária em si. O conceito nele explicitado é o de que a "arte culinária" poderia ser assimilada de modo simples, desde que houvesse uma cozinheira habituada ao trabalho e um elemento que transmitisse a "experiência de muitos anos". Tal experiência acumulada seria adaptada aos novos códigos do mundo urbano: as receitas deveriam ser compatíveis com a situação e agradar aos convivas, idealmente representados na figura de intelectuais e industriais. A cozinha deveria ser limpa, ordenada e contar com os equipamentos como o fogão a gás e as panelas de alumínio, elementos que expressavam a sintonia com o mundo moderno.

A aprendizagem culinária parece ter sido empreendida em várias frentes, sendo uma delas pela via governamental, por meio do ensino em escolas técnicas. O interesse deste estudo recai sobre as escolas femininas, que davam às alunas a opção de diplomar-se em "economia doméstica". Para entender melhor essa forma de aquisição das funções domésticas, será analisado o caso de uma escola especificamente: o Instituto Dona Escolástica Rosa, em Santos.

O ensino da "arte culinária" em escolas técnicas

Ernani da Silva Bruno relata que, após a chegada da Academia de Direito, surgem novos estabelecimentos de ensino na cidade de São Paulo: o Gabinete Topográfico, criado em 1835, para a formação de "engenheiros de estradas", a Escola Normal, instituída em 1846 e que formou apenas dezoito professoras até 1867, são alguns exemplos. Havia também o ensino nos Seminários de Educação, como o de Acu, para moças, e o de Santana, para rapazes. Ainda segundo esse autor:

> As alunas adultas do Seminário do Acu pouco aprendiam de leitura – talvez pela falta de livros – e de matemática [...]. Além disso, segundo o regulamento dos fundadores do Seminário das Educandas do Acu, as moças deviam ser preparadas para o professorado. Estatutos posteriores falsearam êsses objetivos, orientando-se as alunas para o serviço doméstico. Aliás inutilmente. Em 1860 o viajante Tschudi surpreendia-se de que essas moças muito raramente conseguissem colocação. É que era ainda muito grande – observou Taunay – entre as famílias mais abastadas da cidade, o preconceito de que os serviços domésticos só podiam ser feitos por cativos. (Bruno, 1954, p. 832)

Embora iniciativas isoladas tenham ocorrido ao longo do século XIX, foi no começo do século XX, em 1911, que o ensino técnico se instituiu de modo sistematizado, sob a responsabilidade do governo. O discurso presente no relatório enviado ao Secretário dos Negócios da Educação e Saúde Pública do Estado de São Paulo, em 1937, permite entrever que, para haver investimento nesse tipo de ensino, o trabalho de convencimento precisava ser constante:

> Installadas ha um quarto de século as primeiras escolas profissionaes paulistas, sua missão mais árdua, nos primeiros tempos, foi convencer a nossa gente dos benefícios, não só materiaes como moraes, que a educação pelo trabalho tem trazido a todos os povos. É preciso que se diga que vozes não faltaram, muitas vezes, para malsinar os esforços que o Estado dispendia com as escolas profissionaes, tão arraigado se achava em nossa terra o preconceito contra o trabalho manual. (Silveira, 1937, p. 58)

Embora esse trecho mencione as dificuldades ocorridas nos primeiros anos de implantação, parece que a resistência prevaleceu ao longo dos anos, pelo menos no que se refere à destinação de verbas. Os argumentos usados nesse relatório evocam o exemplo de países cujo poderio econômico e industrial estava em ascensão, associando-os a investimentos na formação de mão de obra voltada para a produção de manufaturas. E, sob esse prisma, o Brasil só poderia igualar-se a esses países se fizesse o mesmo, ou seja, destinando verbas ao ensino técnico, que deveria ganhar a mesma atenção destinada às escolas de "cultura intellectualista". O momento de industrialização de São Paulo sem dúvida requeria o uso de pessoas com conhecimento técnico específico. Porém, se havia a possibilidade de contratar imigrantes como mestres de ofício, estimulando seus conterrâneos a aprender por meio da observação, por que investir na formação da população local disponível? O relatório tenta provar ao secretário justamente o contrário. Seria fundamental para o progresso do Estado o investimento na cultura técnica para o povo: "As escolas profissionaes justamente abrem suas portas para as gerações novas que precisam se adextrar nas habilidades manuaes" (Silveira, 1937, p. 4).

Mas parece que foi na década de 1930 que o ensino técnico ganhou novo fôlego: em 1911, a atividade tem início com apenas duas escolas; em 1930, contava com oito unidades. No ano de 1936, abrange vinte e oito instituições, sendo:

Quadro 1.1.
Escolas profissionalizantes no Estado de São Paulo – 1911 a 1936.

	Unidades	Total de matrículas
Institutos profissionais	2	2.479
Seminário de educandas	1	130
Escolas profissionais secundárias	9	4.948
Escolas profissionais agrícolas industriais	1	174
Núcleos ferroviários	5	810
Escolas profissionais municipais (em regime de equiparação)	7	1.718
Escola de Educação Doméstica da Liga das Senhoras Católicas (em regime de equiparação)	1	38
Escola de Formação de Auxiliares de Escritório (em regime de inspeção para reconhecimento de diplomas)	1	26
Instituto de Tecnologia de São Paulo (em regime de inspeção para reconhecimento de diplomas)	1	42

Fonte: SILVEIRA, Horácio da. *Relatório 1936*. São Paulo: Secretaria dos Negócios da Educação e Saúde Pública – Superintendência da Educação Profissional e Doméstica, 1937, p. 5.

O esforço da Secretaria dos Negócios da Educação seria aproveitar instituições já existentes que atuavam de modo isolado estruturando--as, uniformizando a grade curricular e também oferecendo assistência pedagógica. Definiu-se a carga horária procurando equilibrar o número de horas gastas entre aulas teóricas e técnicas. Com relação ao material didático, foi elaborado um material denominado "Fichário técnico", com conteúdo pertinente às diversas disciplinas a serem ministradas.

Em levantamento feito no Centro de Memória do Instituto Dona Escolástica Rosa, foram encontrados registros de escolas técnicas nas seguintes cidades: Rio Claro, Sorocaba, Pinhal, São Carlos, Jacareí, Campinas, Limeira, Mococa, Ribeirão Preto, Tatuí, Jundiaí, São Bernardo, Araraquara, Jaboticabal. O trabalho realizado pela secretaria tinha início com o levantamento do nível pedagógico de cada instituição, realizando provas para a avaliação do conhecimento geral dos alunos. O segundo passo seria o de avaliar também a estrutura física das unidades, bem como os aspectos administrativos e financeiros de cada uma, buscando possíveis parcerias com a iniciativa privada. E novamente se evoca o modelo de países com maior nível de industrialização para validar o procedimento sugerido:

> [...] é mister enveredarmos o quanto antes pelo caminho que trilharam as nações industriaes do velho e mesmo do novo continente. Fizeram ellas largo appello á iniciativa particular [...]. Não satisfeitos com o appello feito á cooperação expontanea da iniciativa privada, alguns paizes introduziram em sua legislação intelligentes dispositivos tendentes a obrigar os patrões a facilitar a freqüência de seus aprendizes ás escolas profissionaes e de aperfeiçoamento, cujo custeio devem elles auxiliar de maneira proporcional ao número de operários que empregam. (*ibid.*, p. 60)

De fato, algumas parcerias foram efetuadas, como os cursos técnicos para ferroviários que contaram com o apoio das empresas envolvidas na operação dos trens da Sorocabana. A Companhia Docas de Santos também participou dos cursos de atividades portuárias, carpintaria e construção naval oferecidos pelo Instituto Dona Escolástica Rosa. Notadamente, o interesse maior recaia sobre os ofícios masculinos voltados para as atividades industriais, sendo que a maioria das unidades começou oferecendo apenas aulas para o público masculino.

Entretanto, como algumas instituições já eram especificamente voltadas para o ensino de moças e apresentavam em seu programa algumas das matérias consideradas "clássicas" (português, matemática, história e geografia do Brasil), buscou-se um regime de equivalência para as escolas que alcançassem uma boa avaliação na prova proposta. Foi o caso da escola mantida pela Liga das Senhoras Católicas que, em janeiro de 1937, foi equiparada às escolas profissionais e domésticas do estado (*Ibid.*, 1937). As alunas recebiam aulas teóricas e práticas, sendo que, ao término do curso primário doméstico e do curso preparatório, recebiam o diploma de professora de economia doméstica, podendo exercer o cargo como titular ou ajudante dessa cadeira nas escolas profissionais do estado. Ou seja, no caso das alunas diplomadas pela Escola da Liga das Senhoras Católicas, a única atividade profissional que poderia ser exercida era a de professora desse mesmo assunto.

Isso significa que, diferentemente dos cursos destinados aos homens, o ensino técnico feminino voltava-se para o preparo das "futuras donas de casa". E isso é claramente explicitado no referido relatório:

> Esta Escola prepara donas de casa, e as alumnas recebem ensinamentos de arte culinária, serviços domésticos, lavagem e passagem, corte e costura, bordados e todas as prendas necessárias a uma dona de casa capaz de desempenhar com economia, gosto e efficiencia o governo de um lar (*ibid.*, 1937, p. 83).

O termo economia doméstica traduz exatamente o conceito do curso: economizar os recursos trazidos pelo marido da melhor maneira possível, a fim de garantir boas condições de alimentação, higiene, vestuário e moradia. Marina Maluf e Maria Lúcia Mott identificam esse mesmo aspecto ao citarem o discurso das revistas dos anos 1920:

> Economizar, economizar, economizar... Essa é a recomendação feita às esposas em praticamente todos os números da *Revista feminina* no decorrer de duas décadas [...]. Deveriam produzir em casa, com as próprias mãos, tudo aquilo que fosse possível, evitando ao máximo todo e qualquer peso excessivo ao bolso do marido. (Maluf & Mott, 2006, p. 417)

Outra instituição voltada para o ensino técnico que também oferecia o curso de economia doméstica foi o Instituto Dona Escolástica Rosa, fundado na cidade de Santos, na Ponta da Praia, em 1908. Surgiu como uma entidade benemérita cuja missão era cuidar de meninos órfãos e pobres da cidade, de acordo com a determinação de João Octávio dos Santos, idealizador do instituto e filho bastardo do conselheiro Otávio Nébias com a escrava Escolástica Rosa. No princípio, o regime adotado era o de internato voltado exclusivamente para o aprendizado masculino, mas, posteriormente, passou a operar no sistema misto, aceitando meninas em caráter externo. No período da manhã, era oferecido um curso preliminar, sendo obrigatório o comparecimento para as seguintes disciplinas: leitura e caligrafia, língua portuguesa, noções de geografia geral, estudos de história e geografia do Brasil, aritmética e desenho linear. Algumas outras matérias também teóricas eram facultativas, como música e solfejo, noções de história natural, física e química aplicadas, regras de boa educação, sentimentos afetivos, civismo e doutrina cristã. No período vespertino, o foco recaía no ensino de ofícios técnicos: mecânica, eletricidade, alfaiataria, serralheria, carpintaria e marcenaria, vidraçaria, tipografia e encadernação, funilaria, pintura comum, arte de cabeleireiro e arte culinária, sendo os dois últimos exclusivamente voltados para moças (Simões & Tavares Jr., s/d).

A escola foi mantida pela Santa Casa de Misericórdia até 1933. Além das dificuldades financeiras pelas quais a instituição atravessava, um relatório a ela entregue em 27 de setembro de 1933 constata que não havia registros de ex-alunos que tivessem sido aproveitados no mercado de trabalho. A partir de então, a Santa Casa firma um convênio com o governo do Estado por um período de cinquenta anos (decreto de 18 de dezembro de 1933), ficando este último responsável pelo ensino técnico do instituto (Simões & Tavares Jr., s/d).

Embora o tema permita uma análise das políticas públicas voltadas ao ensino técnico, esse não é o foco deste trabalho. O interesse, aqui, está em entender em que medida os cursos técnicos femininos, voltados para a economia doméstica, contribuíram na educação culinária. Buscou-se, então, identificar o conteúdo das aulas, o perfil das alunas e a aplicação desse conhecimento na sociedade. No caso da Escola de

Educação Doméstica da Liga das Senhoras Católicas, há as poucas informações que estão descritas no relatório de modo generalizante: "Na cozinha os menus são organizados e calculados de accôrdo com todas as regras de hygiene alimentar – adaptados á idade, trabalho e saúde do indivíduo. É esta a verdadeira prática, applicação intelligente e necessária ao estudo de Chimica Alimentar para a dona de casa" (Silveira, 1937, p. 84). O intuito é claro: para se adequar aos novos tempos de desenvolvimento científico e tecnológico é preciso deixar de lado os antigos preconceitos oriundos da mentalidade escravocrata. Entretanto, essas escolas parecem não ser destinadas a todos os membros das "novas gerações". Elas visam atingir a parcela da população oriunda das classes menos favorecidas que acorrem às cidades em busca de oportunidades e que poderiam se ocupar dessas atividades manuais. De certa forma, o ensino técnico atenderia aos anseios dos dois principais polos envolvidos na questão: para os que estavam às margens do sistema produtivo, seria a oportunidade de, enfim, estudar. Para as elites, a possibilidade de obtenção de mão de obra já "adextrada" nos novos preceitos do mundo moderno, mas com salários menores, ainda condizentes com os valores pagos aos serviçais domésticos na época.

No caso do Instituto Dona Escolástica Rosa, existem informações mais detalhadas. Os cursos femininos eram destinados às alunas que já possuíssem a "instrucção primária", e eram organizados da seguinte maneira:

1. *"Curso Vocacional" – Um ano de duração.* Ao longo deste ano eram retomadas algumas matérias do ensino formal como português, aritmética, educação física, geografia e história do Brasil. Também se apresentavam as noções gerais de cada atividade profissional, sendo elas: confecções, rendas e bordados, flores e chapéus, música e economia doméstica. Após esse primeiro ano de estudos, a aluna passaria para a fase do ensino "psicotécnico".
2. *"Curso Psychotechnico" – Três anos de duração.* Nesta fase a aluna poderia optar por quatro áreas distintas:

- confecções e corte;

- roupas brancas;[16]
- rendas e bordados;
- flores e chapéus, artes aplicadas e pintura.

Independentemente de qual fosse o curso escolhido, as matérias do ensino formal, economia doméstica e higiene e puericultura permaneciam fixas, ao longo dos três anos. Ao término do curso, a aluna poderia obter o diploma de uma das quatro especialidades oferecidas. Mas havia também a opção de prosseguir os estudos por mais dois anos, com um curso de aperfeiçoamento.

3. *"Curso de Aperfeiçoamento" – Dois anos de duração*. As alunas que optassem pelo curso complementar teriam de se deslocar para São Paulo. Além de um reforço nas áreas escolhidas voltadas para atividades comerciais, recebiam também aulas de francês e química alimentar. Ao término desses seis anos de estudos, a aluna receberia o diploma de mestra, podendo dar aulas em uma dessas quatro disciplinas nas demais escolas técnicas. O título de mestra também geraria uma segunda habilitação: a aluna seria "Diplomada em economia doméstica e puericultura".

No caso do Instituto Dona Escolástica Rosa, as aulas de economia doméstica ocorriam ao longo dos seis anos de estudo, mas de maneira análoga à escola mantida pela Liga das Senhoras Católicas: era uma disciplina voltada para a formação de donas de casa, em que os cuidados com o lar e com o preparo dos alimentos deveria ser feito de acordo com os imperativos do mundo moderno. Mas o que seria ensinado nas aulas de economia doméstica? A relação de conteúdos é extensa, e surgem agrupados em dois grandes blocos: "Artes domésticas" e "Chimica". Às vezes, os conteúdos das aulas de higiene e puericultura são tratados como pertencentes à cadeira de economia doméstica, sendo que, em outras situações, surgem como uma disciplina à parte, sugerindo que, provavelmente, esse currículo sofresse

[16] Eram tratadas por "roupas brancas" as peças hoje conhecidas como roupa íntima, além de camisolas e camisetas sem mangas que os homens usavam por baixo das camisas.

alterações e reformulações ao longo do tempo. De qualquer forma, o conteúdo transmitido nas aulas de "artes domésticas" tratava, em sua maioria, da atividade culinária em si, sendo ministrado por meio de aulas práticas com grupos pequenos (cinco a seis alunas) a cada dia da semana, conforme rememora Eufe dos Santos, filha de Silvina e aluna diplomada no curso de "roupas brancas, rendas e bordados" no ano de 1942. No relatório destinado ao secretário dos Negócios da Educação, em 1937, encontra-se a descrição oficial do conteúdo dessas aulas, descrito em ordem alfabética:

> arranjos de casa, arranjos de mesa, assados, aves, balas, bolos, biscoutos e bolachas, caldas, caldos e canja, canapés, cardápios, carnes, cereaes, cocktails, compotas, contabilidade doméstica, cremes, croquettes, crustáceos e molluscos, doces caseiros, doces para festas, doces de castanha do Pará, doces de côco, docinhos, doces de fructas, doces de leite, doces de nozes, doces de ovos, engommaderia, ensopados, frios, glacês, geléias, jardinagem, lavanderia, legumes, massas doces, massas salgadas, miúdos, molhos, pães, pratos brasileiros, pratos francezes, pratos italianos, pratos paulistas, pratos portugueses, pastellaria, peixes, pudins, recheios doces, recheios salgados, refrescos, saladas, sandwiches, sequilhos, serviços domésticos, sopas, sorvetes, temperos, tortas, verduras. (Silveira, 1937, p. 21)

Interessante notar a convivência de receitas tradicionais da doçaria brasileira, como caldas, doces de coco e compotas, com as "novidades" oriundas dos Estados Unidos, como *sandwiches* e *cocktails*, que, conforme já citado, representariam a modernidade culinária em contraponto à culinária praticada nas fazendas. O fenômeno da imigração também se faz presente e parece estar assimilado; receitas francesas, italianas, portuguesas e também "paulistas" são ensinadas e devidamente registradas em cadernos de aulas. Infelizmente, não se encontrou qualquer caderno como registro dessas receitas ou aulas. Mas, segundo o relato de Eufe, havia na escola um fogão a carvão e um modelo a gás, nos quais as receitas eram preparadas e depois degustadas pelas próprias alunas, sob a supervisão da professora. Ainda conforme esse depoimento, sabe-se que a Secretaria de Educação abriu a possibilidade de que, mediante um exame específico, em que estavam incluídas disciplinas como latim, francês, inglês, história e geografia universais, o curso técnico fosse equiparado ao curso ginasial clássico. Desta forma, Eufe realizou o exame e, com a aprovação, conseguiu dar continuidade aos estudos, cursando a Escola Normal e formando-se professora em 1953.

Novidade. O termo parece sintetizar o espírito da cidade de São Paulo nas primeiras décadas do século XX. O que se buscava era o progresso; seus habitantes estavam a caminho da vida civilizada. Ao mesmo tempo que se erguiam monumentos e praças, construía-se também a história do paulista; a figura do bandeirante[17] torna-se a identidade dos que aqui nascem e a ela são associados os conceitos de coragem, espírito combativo e determinação (e apagados os hábitos menos "civilizados" como o de comer içás torradas). Transformações que sugerem a negação de um passado provinciano que precisava ser apagado para abrir caminho à inserção no mundo moderno. Márcia Padilha cita o texto de Nicolau Sevcenko no livro *Orfeu extático na metrópole*:

> De tal modo o estranhamento se impunha e era difuso, que envolvia a própria identidade da cidade. Afinal, São Paulo não era uma cidade nem de negros, nem de brancos e nem de mestiços; nem de estrangeiros e nem de brasileiros; nem americana, nem europeia, nem cativa; nem era industrial, apesar do volume crescente das fábricas, nem entreposto agrícola, apesar da importância crucial do café; não era tropical, nem subtropical, não era ainda moderna, mas já não tinha passado. (Sevcenko *apud* Padilha, 2001, p. 99)

Esse movimento de transformações urbanas e da própria identidade cultural e social também pode ser observado no âmbito doméstico. O saber culinário, agora divulgado em livros, passa a conviver com as receitas dos antigos cadernos de família. As próprias receitas são reordenadas, sendo que a comida trivial – carnes de porco, verduras e raízes preparadas no fogão a lenha – devem ser evitadas em situações

[17] Elias Thomé Saliba aborda brilhantemente a formação do orgulho paulista cristalizado na figura do bandeirante no artigo "Histórias, memórias, tramas e dramas da identidade paulistana" (Porta, 2004).

mais formais. Para receber, sai o aluá[18] e entram os *cocktails*; o Pernil Pururuca com Mandioca Cozida dá lugar aos Filets Pompadour e às Petit Pois Assadas.

O lugar que a mulher das camadas sociais mais altas deve ocupar nesse novo cenário, aos poucos, também é construído e consolidado nas matérias publicadas em revistas femininas, além das aulas dos cursos de economia doméstica. O comportamento exigido da mulher de elite é expandido como padrão para as demais classes, formando uma espécie de modelo a ser atingido.[19] Essa vertente da educação culinária é a que menos vestígios deixa: é preciso recorrer a histórias de família e fazer uso da memória individual na tentativa de compreender o todo. Parece-nos que foi no começo do século passado que se iniciou a busca mais intensa por critérios de diferenciação social por meio da comida, traço que hoje parece ter atingido seu grau máximo.

[18] O aluá é uma bebida refrescante feita no Norte com farinha de arroz ou milho torrado e fermentada com açúcar em potes de barro. Em Minas Gerais, é elaborada com cascas de abacaxi. A origem é africana, denominada ualuá (Algranti, 2000).

[19] A esse respeito, Peter Burke cita o conceito de hegemonia cultural estabelecido por Gramsci: "As classes dominantes exercem poder não apenas diretamente, pela força e ameaça da força, mas porque suas ideias passam a ser aceitas pelas classes subalternas" (Gramsci *apud* Burke, 2005, p. 38).

O doce na cozinha nacional

O tema da doçaria, rico e extenso por natureza, tem sido estudado pelas ciências humanas e demais áreas do conhecimento sob os mais diferentes enfoques. Este capítulo, sobre o doce brasileiro, pretende compreender a trajetória de sua transmissão, seja no que se refere ao preparo (o aprendizado do processo em si) ao longo das gerações, seja na identificação dos mecanismos que possibilitaram e sustentaram sua penetração e permanência nas várias camadas da sociedade. Isso porque, com o andamento da pesquisa, notou-se que o doce brasileiro ocupa um papel diferenciado nas preparações culinárias, sobretudo com relação à chamada "cozinha do sal", ou comida trivial, tema já mencionado no capítulo anterior.

Mas em matéria de doce o brasileiro tem muito a dizer. Somos herdeiros da tradição portuguesa – que, por sua vez, deve muito à cultura árabe, conforme afirma Gilberto Freyre (1997) – e também da cultura da cana-de-açúcar, implantada desde o início da colonização do país. Doces em calda, cristalizados e secos ao sol, ou ainda em compotas – técnicas que mesclam a necessidade de aumentar a vida útil de frutas e outros ingredientes tropicais ao sabor prazeroso conferido pelo açúcar – acompanham a nossa trajetória ao longo do tempo.

Viajantes que relataram suas experiências no Brasil fazem menção ao doce, ora estranhando a quantidade excessiva de açúcar, como o fez Jean-Baptiste Debret no início do século XIX, ora elogiando o sabor ou a apresentação, revelando também gostos pessoais balizados pelo padrão cultural dos diferentes países de origem. Entretanto, nesses relatos é possível identificar um traço comum: a relevância do doce na sociedade brasileira. John Mawe, viajante inglês que permaneceu no Brasil entre 1808 e 1818, passa por São Paulo e registra suas impressões sobre a cidade. Referindo-se ao cardápio do almoço, ressalta que, após as carnes e verduras, seguia-se "uma grande variedade de deliciosas compotas doces" e que, em ocasiões festivas, o doce seria "o orgulho da mesa" (Mawe, 1978, p. 73).[20] James Wetherell, vice-cônsul britânico que atuou na Bahia e na Paraíba, publicou em Liverpool, no ano de 1860, o livro *Stray notes from Bahia.* Nele, ressalta a atividade das freiras na arte da doçaria como "grandes fazedoras de doces, assim como compotas, frutas secas, etc." (*apud* Freyre, 1997, p. 160). Faziam por encomenda "os mais elaborados tipos de confeitos [...], inclusive pratos com variada ornamentação para centro de mesa e sobremesas lindamente montadas" (*ibidem*). Também destaca uma variedade em específico, os suspiros, que, a seu ver, embora frágeis e sem valor nutritivo, seriam "*very delicious*" (*ibid.*, p. 161).

Já nas primeiras décadas do século XX, Elliot, autor de *Brazil, today and tomorrow*, publicado em Nova York em 1917, registra sua passagem pelo Brasil. Nele, chama atenção para o que seriam hábitos típicos da "brasileira de classe média", ávida por doces: "Não raro ela mostra uma tendência a engordar cedo na vida, por não realizar atividades físicas e comer os extraordinários e deliciosos doces, cuja criação é uma arte especial das mulheres brasileiras" (*apud* Freyre, 1997, p. 164).

Gilberto Freyre cita também o relato do médico francês Latteaux, autor do livro *À travers le Brésil, au pays de l'or et des diamants*: "No Brasil, as senhoras são gulosas e a escolha de doces é variadíssima.

[20] Mawe publicou suas *Viagens ao interior do Brasil,* principalmente aos distritos do ouro e dos diamantes, em 1812, em inglês. O livro de 1978 teve como base uma edição de 1944 publicada por Zélio Valverde no Rio de Janeiro.

Suas frutas cristalizadas são uma especialidade importante" (*apud* Freyre, 1997, p. 171). Ainda na narrativa de Freyre, frutas nativas como cajá, mangaba e pitanga apenas eram saboreadas *in natura* pelos "rústicos" e por crianças. Pessoas de "paladar mais desenvolvido" provavam-nas sob a forma de sorvetes, refrescos ou doces. O consumo da fruta acrescida de açúcar, já sob a forma de doce, seria uma das maneiras de o colonizador distinguir-se do elemento nativo, habituado ao consumo das frutas frescas coletadas na região. Um hábito desenvolvido pelo europeu residente no Novo Mundo, já que, em contrapartida, a fruta em seu estado natural seria preferida pelos estrangeiros de passagem pelo país.

Câmara Cascudo (1983, p. 333) também revela a importância do doce, extrapolando as questões relativas apenas aos sentidos e dando vislumbre aos papéis simbólicos por ele desempenhados na sociedade portuguesa, aspectos que também valeriam para o Brasil: "Era a saudação mais profunda, significativa, insubstituível. Oferta, lembrança, prêmio, homenagem, traduziam-se pela bandeja de doces [...]. O doce visitava, fazia amizades, carpia, festejava". A aprendizagem desses doces fazia parte da boa formação das moças de sociedade, ao lado do bordado e, para as famílias mais abastadas, do piano e do francês, já no começo do século XX.[21]

Essa função social do doce fino e delicado permanece forte em nossa sociedade, muito embora com roupagem diversa do doce colonial ou imperial. Se não mais sob a forma de Alfenin, Fatias-de-parida ou Toucinho do Céu,[22] ele surge com o apelo do chocolate, do creme pâtisserie, das mousses e coulis de frutas propagados pela cozinha contemporânea. E o consumo de frutas frescas nativas parece seguir acanhado, um tanto alheio às várias campanhas de conscientização nutricional

[21] Um resquício dessa formação do que seria uma "moça de sociedade" ainda pode ser observada na primeira metade do século XX, quando as mulheres solteiras pertencentes às famílias tradicionais da cidade passaram a frequentar as aulas da madame Poças Leitão.

[22] Esses doces estão voltando à cena, talvez impulsionados pela oferta de gemas e claras em embalagens UHT para o mercado de Food Service. A tendência é comercializá-los em miniporções como "releituras" da doçaria clássica no que está sendo chamada de "culinária conceitual".

divulgadas pela mídia e ao apelo para as poucas calorias que algumas delas apresentam, fator relevante nos tempos atuais de busca pelo corpo perfeito. A procura pela "fruta da estação" costuma ser menor quando concorre diretamente com pudins, sorvetes ou com as várias receitas de petit gâteau, bolos recheados e tortas geladas. Mas aumenta significativamente quando a fruta é acompanhada de ganaches de chocolate ou molhos fluidos levemente abaunilhados, como zabaione ou creme inglês. Entre a fruta rica em elementos antioxidantes e o doce *light*, com forte apelo visual, a preferência tende a ser para este último.[23]

Mudam a influência, a quantidade e a diversidade de ingredientes, mas permanecem o sabor marcante do açúcar e o apreço pela delicadeza no formato e no acabamento. Indispensáveis em casamentos, aniversários e batizados; presente em datas como Natal e Dia das Mães sob a forma de sobremesas requintadas, ele é parte fundamental da culinária atual, valorizado tanto na esfera da alta confeitaria quanto em suas versões mais populares. Presentear com uma caixa de bombons ainda simboliza apreço e estima. Levar uma sobremesa feita em casa para um jantar entre amigos permanece como um ato de gentileza, e nos últimos anos, dependendo do tipo de doce apresentado, pode denotar um *savoir-faire* desejado por muitos e dominado por poucos. Saber preparar com perfeição a sobremesa servida no restaurante da moda (de preferência servindo-se de utensílios específicos que fazem parte das "grifes" da culinária global) parece ser uma espécie de passaporte. Com ele você consegue distinguir-se dos demais, passando a fazer parte de um círculo restrito de pessoas "modernas e antenadas", dotadas de refinamento e bom gosto. E se ao domínio dessa técnica acrescenta-se o conhecimento do vinho para a harmonização, o prestígio pode aumentar. A utilização de hábitos alimentares como um indicador de diferenciação social está presente nos trabalhos de Peter Burke, que afirma que "a identidade social está na diferença" (2005, p. 78), e de Michel de Certeau, quando diz que "a classe popular tem gostos

[23] Essa percepção foi partilhada pelos proprietários de seis confeitarias e por cinco *chefs* de cozinha de restaurantes localizados em bairros nobres da cidade de São Paulo entrevistados para este trabalho.

vulgares, ao passo que a burguesia tem gostos distintos" (2005, p. 247), ambos citando Pierre Bourdieu. Dominique Fournier (*apud* Montanari, 2009), em seu artigo intitulado "A cozinha da América e o intercâmbio colombiano", menciona que, na época da conquista espanhola, o consumo de determinados produtos, sobretudo os importados da Europa, servia como elemento de distinção, interessando tanto aos europeus quanto aos grupos indígenas que passaram a absorver novos produtos e também as técnicas de preparo a eles relacionadas.

Henrique Soares Carneiro lembra que o período após a Segunda Guerra Mundial (1939-1945) foi notadamente marcado pela força da imagem, que "passou a ser o sustentáculo principal de um capitalismo pós-moderno com base em uma economia simbólica, em que a fetichização geral da cultura anunciada pelos filósofos da Escola de Frankfurt tornou-se geral e completa" (2003, p. 107). Um processo que culmina na simbologia e no valor que determinadas marcas passam a ter, dissociando-se do valor monetário real dos produtos a ela relacionados. Parte de sua força reside na capacidade de distinguir seus consumidores das demais parcelas da população, como acontece com as grifes de luxo. E é justamente com esse apelo implícito de diferenciação social que se proliferam aulas em estilo oficina (*workshops*) oferecidos por gastrônomos, *chefs* de cozinha e fabricantes de produtos culinários e de equipamentos para cozinha. A classe média alta comparece, e a mulher, que outrora se orgulhava em ser doutora e "não saber fritar nem um ovo", volta-se para o domínio da linguagem das panelas, sem o peso e a conotação da obrigação. Ao contrário: a palavra de ordem atual é cozinhar por prazer, por opção e também pela possibilidade de inserção em determinados grupos sociais que hoje são identificados como formadores de opinião. No segmento da doçaria, ambiente mais identificado com o trabalho feminino,[24] surgem as receitas da moda, principalmente a partir da década de 1990, e a tendência dos doces

[24] A preponderância feminina na confecção dos doces parece ocorrer desde os tempos coloniais, seguindo a tradição das freiras doceiras. A delicadeza e a paciência no momento de finalizar os preparos, bem como o pouco esforço físico que os docinhos finos demandam (ao contrário dos doces feitos nos tachos, como a goiabada e a marmelada), também podem explicar a tendência.

em porções individuais é ensinada passo a passo nos programas de televisão que atingem vários segmentos de público, desde os oferecidos pela TV aberta até os exibidos pelos canais por assinatura. A maioria das receitas é publicada na internet, sob a forma de texto ou de pequenos filmes, potencializando o custo da ação e permitindo a visualização em horários que sejam convenientes ao internauta/consumidor.

Se por um lado o doce manteve posição de destaque na culinária brasileira ao longo dos séculos, o mesmo não ocorreu com seu aprendizado. É possível identificar uma ruptura nesse processo, e um indício dessa situação pode ser observado no próprio texto das receitas. As receitas publicadas no livro *Cozinheiro nacional*, editado no Rio de Janeiro no século XIX;[25] as versões compiladas por Gilberto Freyre na década de 1930 e as publicadas em seu livro *Açúcar*; os cadernos de família do final do século XIX e início do século XX; além de livros impressos ao longo do século XX e, mais recentemente, os *sites* especializados em culinária, falam por si só.

A título de exemplo, foram selecionadas três receitas doces que permaneceram ao longo do tempo: quatro versões para o arroz-doce, cinco para o quindim e quatro para o bolo de fubá. Vale lembrar que receitas estão sujeitas a variações e adaptações ao longo do tempo, como se vê na de arroz-doce apresentada no livro de Maria Thereza A. Costa, que recebe o acréscimo de uma compota de maçãs, ou na receita do livro de *Claudia* (que curiosamente se refere à receita como "à moda antiga", provavelmente pelo acréscimo de gemas), finalizada com suspiros. Entretanto, a estrutura central de preparo é a mesma, e o modo como as informações do preparo são transmitidas – o foco deste trabalho – permanece.

Entre a receita de arroz-doce apresentada no livro *Cozinheiro nacional* e a versão publicada na internet, há um intervalo de pelo menos 120 anos, e períodos próximos a esse também ocorrem nas demais receitas escolhidas. O número e o teor das informações apresentadas

[25] Provavelmente entre 1874 e 1888, como sugere Carlos Alberto Dória (2006). Já Cristiana Couto (2007) sugere o ano de 1890 em seu livro *A arte de cozinha: alimentação e dietética em Portugal e no Brasil (séculos XVII-XIX)*.

ao longo do tempo mudaram de modo significativo, conforme resumido nas análises apresentadas a seguir, em que se estabeleceram cinco parâmetros para apreciação, a saber:

- o *layout* das receitas apresentado nas fontes pesquisadas;
- a ausência ou a presença de quantificação de ingredientes;
- a ausência ou a presença de detalhamento das técnicas culinárias;
- os ingredientes sugeridos em cada uma delas;
- a inclusão de informações adicionais – dados como dicas, variações, informações nutricionais, inserção na ordem do cardápio, informações que compõem o "serviço" da receita.

Comparando esses dados relativos à "forma" de apresentação da receita, buscou-se identificar, em cada um dos três grupos de receitas, os indícios de mudanças nas informações das receitas e, consequentemente, compreender como se deu a transição desse conhecimento culinário outrora construído "de mãe para filha" por meio da experiência cotidiana e da observação. Por fim, chegou-se a algumas conclusões e muitas indagações, explicitadas no final deste capítulo.

❖ Quatro receitas de Arroz-doce

RECEITA DO LIVRO *COZINHEIRO NACIONAL* (1874-1888)

ARROZ-DOCE: ferve-se um prato de arroz escolhido e lavado em quatro garrafas de leite, meia libra de açúcar, sal e casquinhas de limão e noz-moscada ralada; estando o arroz cozido e quase seco, acrescentam-se seis gemas de ovos, batidas com um pouco de vinho branco, e duas colheres de manteiga; deixa-se ferver mais um pouco, põe-se sobre pratos, polvilha-se canela moída e serve-se quente.

RECEITA DO LIVRO *SUPPLEMENTO ÀS NOÇÕES DE ARTE CULINÁRIA* (1928)

ARROZ-DOCE COM MAÇÃS: cozinham-se 115 grammas de arroz em um litro de leite; faz-se uma compota com 4 maçãs e junta-se ao arroz, mexendo-se sempre sobre o fogo até ligarem bem as duas massas. Polvilha-se com canella e serve-se com creme inglêz.

RECEITA DE *O GRANDE LIVRO DE RECEITAS DE CLAUDIA* (CONTEÚDO FORMADO ENTRE 1960 E 2000)

ARROZ-DOCE À MODA ANTIGA

(rende 6 porções)

Para o arroz-doce

Casca de 1 limão cortada em tiras (só a parte verde)
6 gemas ligeiramente batidas
1 pitada de sal
1 ¼ xícara de arroz
1 ½ xícara de açúcar
1 colher (chá) de canela em pó (opcional)
3 ½ colheres de manteiga
4 xícaras de leite

Para o suspiro

6 claras
¾ xícara de açúcar

Preaqueça o forno quente (200 °C)

PREPARE O ARROZ-DOCE: em uma panela média, leve ao fogo 3 xícaras de água com tiras de casca de limão e sal. Quando começar a ferver, acrescente o arroz. Cozinhe até ficar macio. Junte a manteiga e o leite. Retire do fogo e, aos poucos, adicione as gemas, mexendo sem parar. Volte ao fogo e mexa até começar a ferver. Coloque o açúcar e cozinhe por mais 4 minutos, até o açúcar ficar bem dissolvido. Remova as tiras de casca de limão e coloque o arroz em um refratário. Polvilhe com canela.

PREPARE O SUSPIRO: bata as claras em neve e junte o açúcar, aos poucos, para obter um suspiro firme. Cubra com ele o arroz-doce e leve ao forno por uns 10 minutos, até que comece a dourar.

RECEITA DO *SITE TUDO GOSTOSO* (2009)[26]

ARROZ-DOCE VERDADEIRO

Receita enviada por [nome do(a) internauta][27]

- Ícone para inclusão de comentário.
- Ícone para impressão.
- Ícone para adicionar a receita em livro virtual personalizado.
- Ícone para envio da receita por e-mail.
- Ícone para o tempo de preparo (relógio): **1h00min**
- Ícone para o rendimento (prato com talheres): **20 porções**
- Ícone para opiniões de internautas (5 talheres enfileirados): **66 opiniões**

INGREDIENTES

1 litro e meio de leite
2 xícaras de arroz (já lavado)
3 xícaras de açúcar
Canela em pau (quantidade a gosto)
1 lata de leite condensado
Uma panela bem grande para que o leite ferva e não derrame

MODO DE PREPARO

1. Cozinhar o arroz no leite, juntamente com a canela.
2. 20 minutos depois, mexer de tempos em tempos, acrescentar o açúcar, deixar mais 20 minutos e logo em seguida acrescente o leite condensado e deixar mais 20 minutos.
3. Colocar em uma linda travessa.
4. Essa receita é de família.
5. Uma delícia, esse é o verdadeiro arroz-doce.

---

[26] As pesquisas para o conteúdo deste livro foram realizadas num período de três anos. Assim, devem ser consideradas as mudanças constantes que ocorrem em um ambiente dinâmico como a internet. Por exemplo, as receitas de arroz-doce e de quindim (adiante), apesar de serem oriundas do mesmo *site* (*Tudo gostoso*), foram consultadas em momentos distintos, por isso a diferença no *layout* da página, incluindo recursos e ícones.

[27] Ao clicar no nome, a pessoa que está visitando o *site* tem acesso às outras receitas enviadas pelo(a) internauta.

Comparativo da forma das receitas

Layout *das informações*

***COZINHEIRO NACIONAL*:**

- a receita é descrita em quatro linhas;
- não há separação entre ingredientes e modo de preparo;
- não há registro de imagem;
- a receita é descrita logo após o título, que aparece em caixa-alta (maiúsculas), mas com pouco destaque.

***SUPPLEMENTO ÀS NOÇÕES DE ARTE CULINÁRIA*:**

- a receita é descrita em cinco linhas;
- não há registro de imagem;
- da mesma forma como ocorre com a versão apresentada em *Cozinheiro nacional*, não há separação entre ingredientes e modo de preparo.

***O GRANDE LIVRO DE RECEITAS DE CLAUDIA*:**

- a receita é descrita em dezoito linhas, sendo dez delas destinadas exclusivamente à técnica de preparo;
- não há registro de imagem;
- o texto da receita apresenta divisão entre ingredientes e modo de preparo, trecho que detalha as operações técnicas para a execução da receita;
- no livro, a lista com os ingredientes é apresentada em destaque, com fundo em cor diferente;
- o título (nome da receita) vem em destaque, em caixa-alta, com fonte maior e coloração distinta da utilizada no restante do texto.

***SITE TUDO GOSTOSO*:**

- a receita é descrita em treze linhas;
- não há registro de imagem;[28]

[28] No momento da pesquisa para este texto, em 2009.

- todas as informações estão divididas e ordenadas em compartimentos específicos (*frames* para inserção e atualização de conteúdos no *site*);
- o nome da receita aparece em destaque. No *site*, diferentes fontes e cores são utilizadas na formatação da receita.

Quantificação de ingredientes

COZINHEIRO NACIONAL:

- não segue um padrão: utiliza "prato" para medir o arroz e "garrafa" para dosar o leite. Em contrapartida, especifica o peso do açúcar (meia libra, o que equivaleria a 226,5 g, algo em torno de 1 ¼ de xícara de chá) e o número de gemas, deixando vaga a quantidade de vinho – "um pouco";
- ao todo, a receita solicita dez ingredientes diferentes.

SUPPLEMENTO ÀS NOÇÕES DE ARTE CULINÁRIA:

- os ingredientes são dosados em "grammas", para o arroz; e litros, para o leite;
- não há indicação de açúcar – a receita solicita o uso de uma compota feita com quatro maçãs. Cabe ressaltar que o próprio livro traz duas receitas de compotas de maçãs bastante diferentes entre si, mas não chega a indicar qual seria a utilizada nesse arroz-doce;
- a compota de maçãs e o creme inglês contribuiriam com pelo menos mais três ingredientes diferentes, além do arroz, leite e canela mencionados, o que somaria um mínimo de sete ingredientes.

O GRANDE LIVRO DE RECEITAS DE CLAUDIA:

- as medidas são especificadas em xícaras – não se menciona qual o tipo.
- não há indicação do peso e do volume em gramas ou mililitros;

- gemas e claras são fornecidas por unidades. Indica-se também o uso de sal – uma "pitada";
- ao todo, são solicitados nove ingredientes.

***SITE TUDO GOSTOSO*:**

- utiliza-se como medida a xícara (não há menção ao tipo exato), e, para o leite, o volume é em litro;
- adota-se também a medida de lata de leite condensado;
- a canela não é mensurada; deixa-se "a gosto";
- no total, há cinco ingredientes (no leite condensado, tem-se a repetição dos ingredientes leite e açúcar).

Tipos de ingredientes mencionados

***COZINHEIRO NACIONAL*:**

- arroz, leite, açúcar, sal, casquinhas de limão, noz-moscada, gemas, vinho branco, manteiga, canela moída.

***SUPPLEMENTO ÀS NOÇÕES DE ARTE CULINÁRIA*:**

- arroz, leite, compota de maçãs, canela, creme "inglêz".

***O GRANDE LIVRO DE RECEITAS DE CLAUDIA*:**

- arroz, leite, açúcar, casca de limão, sal, manteiga, gemas, canela em pó, claras.

***SITE TUDO GOSTOSO*:**

- arroz, leite, açúcar, canela em pau, leite condensado.

Detalhamento das técnicas utilizadas

***COZINHEIRO NACIONAL*:**

- apenas indica as operações que serão executadas – fervura, cozimento até ficar quase seco e a adição dos demais ingredientes;

- não há indicação dos tempos de fervura ou cozimento, tampouco referências para a identificação exata do "ponto certo";
- o texto é escrito na voz passiva sintética.

SUPPLEMENTO ÀS NOÇÕES DE ARTE CULINÁRIA:

- a indicação é muito próxima da descrita no livro *Cozinheiro nacional*. As etapas de fervura e cozimento são apenas mencionadas. A identificação do ponto ideal de cocção seria a frase "até ligarem bem as duas massas";
- o texto é escrito na voz passiva sintética.

O GRANDE LIVRO DE RECEITAS DE CLAUDIA:

- as especificações crescem significativamente – há menção do tamanho da panela a ser utilizada e menciona-se também o tempo que o preparo leva para atingir o ponto de fervura como indicativo para as demais etapas do preparo;
- a água utilizada no cozimento do arroz não é considerada como ingrediente, entrando apenas na descrição do preparo;
- os ingredientes são elencados de acordo com a sequência em que serão utilizados no decorrer do preparo;
- há também a quantificação do tempo de cocção em minutos;
- o preparo é dividido em duas fases distintas – a do cozimento dos grãos de arroz e a confecção de um suspiro, usado para cobrir o doce e finalizar a receita, que ainda irá ao forno "até começar a dourar";
- o texto é escrito no modo verbal imperativo.

SITE TUDO GOSTOSO:

- a descrição do preparo obedece à formatação estipulada pelo próprio *site*;
- os ingredientes são listados segundo a ordem em que entram no preparo, que recebe numeração específica para cada etapa;
- todo cozimento é estipulado em minutos;
- as frases são escritas segundo a forma nominal do verbo infinitivo.

Indicações adicionais

***COZINHEIRO NACIONAL*:**

- a única indicação que há é a informação de "servir quente".

***SUPPLEMENTO ÀS NOÇÕES DE ARTE CULINÁRIA*:**

- a única indicação que há é a informação de "servir com creme inglêz".

***O GRANDE LIVRO DE RECEITAS DE CLAUDIA*:**

- informa o rendimento total da receita;
- sugere o aquecimento do forno antes de dar início ao preparo;
- indica a temperatura ideal a ser regulada no termostato.

***SITE TUDO GOSTOSO*:**

- indica o tempo total gasto no preparo;
- informa o rendimento em porções;
- oferece "ferramentas de serviço" do *site* – *download* para o livro de receitas pessoal, postagem de comentários, envio da receita por *e-mail*, consulta à tabela de pesos e medidas, impressão de lista de compras dos ingredientes da receita, impressão da receita e busca de receitas com o mesmo perfil (que utilizem os mesmos ingredientes principais).

Muda a forma de apresentação, permanece o sabor

Durante o intervalo aproximado de quarenta anos, pouca coisa parece ter mudado na elaboração (preparo e ingredientes) do arroz--doce. Tanto a receita apresentada pelo *Cozinheiro nacional* quanto a registrada no livro *Noções de arte culinária* são bastante lacônicas quando comparadas com as versões mais atuais – quatro a cinco linhas parecem ser suficientes para registrar os ingredientes necessários e as etapas de preparação. Uma tênue diferença surge no que se refere à quantificação dos ingredientes: no livro *Cozinheiro nacional*, a medição é um pouco mais vaga, já que o prato mencionado para dosar o arroz, bem como a garrafa para o leite – 1 litro? Seria o tamanho usualmente adotado quando o leiteiro passava de porta em porta para efetuar suas vendas, como rememora Jorge Americano (2004) –, podem ter tamanhos variados, o que resultaria em um arroz-doce mais consistente ou mais úmido. O mesmo livro também se vale de uma quantidade um pouco maior de ingredientes, notadamente os que conferem as nuanças de sabor, aroma e textura e que enriquecem a preparação, como o sal em pequena quantidade (pitada), a casquinha de limão, a manteiga e também o vinho branco batido com as gemas, como no tradicional zabaione italiano. **Esse seria um primeiro indício de que no século XIX, e ainda nas primeiras décadas do século XX, mesmo com receitas um pouco simplificadas, informações mais generalizantes seriam suficientes para a compreensão e execução desses pratos.** Essa constatação, por sua vez, sugere que o leitor/executor das receitas apresentadas já traria em sua bagagem culinária o domínio de técnicas básicas, como a identificação do ponto de cozimento, o ajuste de quantidades, o domínio na dosagem dos condimentos e especiarias. Essas mesmas habilidades também ficam subentendidas na receita apresentada no livro *Noções de arte culinária* – qual seria a compota de maçã a ser utilizada? O creme inglês não deixaria o arroz-doce muito diluído? Questões assim, ao que parece, não eram pertinentes para quem preparava essas receitas na época.

Já na versão apresentada em *O grande livro de receitas de Claudia*, cerca de setenta a noventa anos após a versão fornecida pelo *Cozinheiro nacional*, a diferença já é bastante significativa. **O número de linhas necessárias para "explicar" a receita chega a quadruplicar.** A separação entre ingredientes e modo de preparo sinaliza as mudanças ocorridas no sentido de planejar as ações que serão executadas. O conceito de organização no ambiente doméstico, amplamente difundido nas primeiras décadas do século XX, pode ser identificado nessa nova ordenação da forma escrita. Em primeiro lugar, é preciso separar e dosar os ingredientes que serão utilizados, para, depois, dar início ao preparo em si. Os ingredientes são listados na sequência de sua utilização, para dar mais racionalidade ao preparo. A adoção de xícaras e colheres acompanha o modelo norte-americano e europeu do uso do jogo de medidas-padrão, modelo esse que nunca chegou a vigorar de modo pleno entre nós. A casquinha de limão para aromatizar o cozimento dos grãos, a pitada de sal para equilibrar o sabor doce e o uso de meia dúzia de gemas batidas parece ser o sentido do termo "à moda antiga" que a receita traz. Embora a ideia seja de resgate culinário, a receita já é bastante diferente, e talvez o seja por conta da noção de ordem e economia dos ingredientes, tão característicos do pós-guerra. Ao utilizar seis gemas, o que fazer com as claras? No século XIX, muito provavelmente isso não seria um problema, já que era frequente o preparo de suspiros, assados bem lentamente no calor já arrefecido da lenha. Em tempos de fogão a gás, com regulagem imprecisa de termostato, como manter o calor tênue necessário para assar os suspiros sem deixá-los corados? A solução encontrada foi a do merengue assado no forno convencional, recobrindo o próprio arroz-doce, deixando-o com um acabamento dourado, semelhante às receitas de montanha-russa divulgadas nas décadas de 1950 e 1960. A informação do rendimento também é um dado relevante, já que o racional recomenda que a receita seja feita sob medida para o tamanho da família, sem desperdícios.

Mas a principal diferença entre a versão apresentada no livro de *Claudia* com relação aos registros anteriores aqui apresentados reside no detalhamento das técnicas culinárias. Embora o livro de *Claudia* não utilize o recurso de paginação ampla, enriquecida por imagens do prato finalizado ou do preparo em passo a passo (ao contrário: as receitas são até reduzidas para o padrão vigente da segunda metade do século XX), no campo do modo de preparo, transparece a necessidade de informar, de ensinar. Detalhes como a importância de aquecer previamente o forno à determinada temperatura, a indicação do tamanho da panela utilizada no cozimento, referências para identificação do tempo ideal de cozimento e a indicação dos minutos necessários para atingir o ponto certo, são informações que permeiam todo o preparo.

Por fim, há a receita resultante da pesquisa no *site* de buscas *Google*, cujo *link* que aparece em primeiro lugar[29] já está na linguagem do século XXI. O número de informações é igualmente grande, porém o texto prolixo é substituído por informações mais curtas, sob a forma de ícones. As dúvidas podem ser sanadas com um clique, valendo-se da rapidez da banda larga. Para saber a capacidade de uma xícara de chá, basta clicar na tabela de conversão de pesos e medidas. O rendimento e o tempo necessário para o preparo, recurso caro neste século de urgências, também estão representados sob a forma de ícones. A dificuldade na identificação do ponto de cozimento é resolvida pela referência dos minutos. A leitura é simples – as frases são curtas e as etapas numeradas, o que facilita a compreensão da informação por pessoas pouco familiarizadas à leitura de textos mais longos.

O título chama a atenção pelo termo "verdadeiro". Como na versão apresentada no livro de *Claudia*, a busca parece ser pela receita antiga, original, que seria a "verdadeira". O registro disponível no *site* foi postado por uma internauta que se intitulou com um apelido, o que, em princípio, descartaria as receitas "comprometidas", patrocinadas pelos fabricantes de produtos industrializados ou de equipamentos para a cozinha. **Mas, para essa internauta do século XXI, a receita "verdadeira" e "de família", como ela mesma diz, é justamente a que leva o produto industrializado (ou seja, a receita desenvolvida para divulgação e aumento de vendas de determinado ingrediente), que, nesse caso, é o leite condensado.** E outros internautas parecem partilhar dessa ideia. A mensagem postada por um deles, em 24 de outubro de 2009, expressa bem esse sentimento de nostalgia culinária: "Essa receita me fez lembrar as sobremesas de domingo da minha infancia – realmente eh a receita tradicional que minha mae e avó faziam – pra quem nao está acostumado acha que ela fica sem calda, mas eh assim mesmo. parabens pela receita" [*sic*]. Considerando que o internauta tenha cerca de 20 anos, seu relato é totalmente per-

[29] É possível que a ordenação dos resultados seja feita segundo negociação firmada com os vários anunciantes. No caso em questão, o provedor UOL, que provavelmente ganharia em número de acessos e, por sua vez, repassaria esse dado aos anunciantes da página.

tinente. Sua mãe provavelmente está na faixa dos 45 anos, e sua avó, com cerca de 65 anos, ou seja, aprenderam a cozinhar na segunda metade do século XX, período em que a indústria de alimentos investiu de forma expressiva no ensino de "um novo jeito de cozinhar", baseado no uso de produtos industrializados, assunto que será discutido detalhadamente no próximo capítulo. A receita de arroz-doce postada pela internauta solicita apenas cinco ingredientes – exatamente a metade da quantidade recomendada na receita registrada em *Cozinheiro nacional*. O açúcar somado ao leite condensado garante o predomínio do adocicado, fazendo com que as sutilezas de sabor e aroma conferidas pelo limão, pelo sal ou pelo vinho branco presentes nas receitas mais antigas sejam "desnecessárias". A receita torna-se simples e facilmente reproduzível por qualquer um, sem demandar conhecimento prévio especial. Aliás, essa parece ser uma característica do leite condensado: nas receitas de maior permanência (as que realmente "pegaram"), ele de fato atua como um "condensador", acabando com as nuanças e variedades de sabor e reduzindo receitas com grande número de variações a dois ou três tipos particulares, tidas como "carros-chefe" (e geralmente muito bem-aceitas pelo público).

Por fim, cabe um breve comentário sobre os tempos verbais utilizados nas quatro receitas mencionadas. Em *Cozinheiro nacional* e em *Noções de arte culinária* emprega-se a voz passiva sintética: "Ferve-se um prato de arroz", "Polvilha-se com canela", etc. A própria grafia parece deixar em aberto o sujeito da ação, além de remover a noção de comando. Ferve-se porque sempre foi fervido, é dessa forma que sempre foi feito. Na versão do livro de *Claudia*, já na segunda metade do século XX, adota-se o imperativo: "Prepare o arroz-doce", "Leve ao fogo". A autoridade da ordem tem o aval da cozinha experimental da revista, chefiada por tantos anos por Edith Eisler e, posteriormente, por Betina Orrico. Fica implícita a noção de que, se a ordem for executada ao pé da letra, o resultado será positivo. Em contrapartida, o tempo escolhido pela internauta é o infinitivo: "Cozinhar o arroz no leite", "Mexer de tempos em tempos". Uma ordem abrandada, um tanto mais próxima, que remete às orientações de uma mãe ou avó, que merecem ser seguidas.

❖ Cinco receitas de Quindim

RECEITA DO LIVRO
***AÇÚCAR* (SÉCULO XIX)**[30]

QUINDINS

500 g de açúcar refinado, 250 g de coco ralado, 1 quarta de manteiga lavada e escorrida, 15 gemas de ovos, mistura-se tudo e deita-se em fôrmas untadas com bastante manteiga e vai logo ao forno brando.

[30] Segundo o autor, as receitas foram compiladas do caderno de receitas familiares e do livro de Constança Olívia. O critério adotado para a compilação foi o de serem receitas ao mesmo tempo "regionais e de tradição brasileira" e, provavelmente, oriundas de registros do século XIX. Passaram por ajustes de colaboradoras que, entre outras coisas, unificaram medidas e criticaram a obra minuciosamente.

RECEITA DO CADERNO DE DONA ESTHER BRANDÃO SANTOS (1910)

QUINDINS

15 gemmas de ovos, 1 coco da Bahia, pequeno, 1 libra de assucar refinado, mexe-se tudo até ficar bem ligado e 1 quarta de manteiga, depois unte-se as formas com manteiga e vai ao forno.

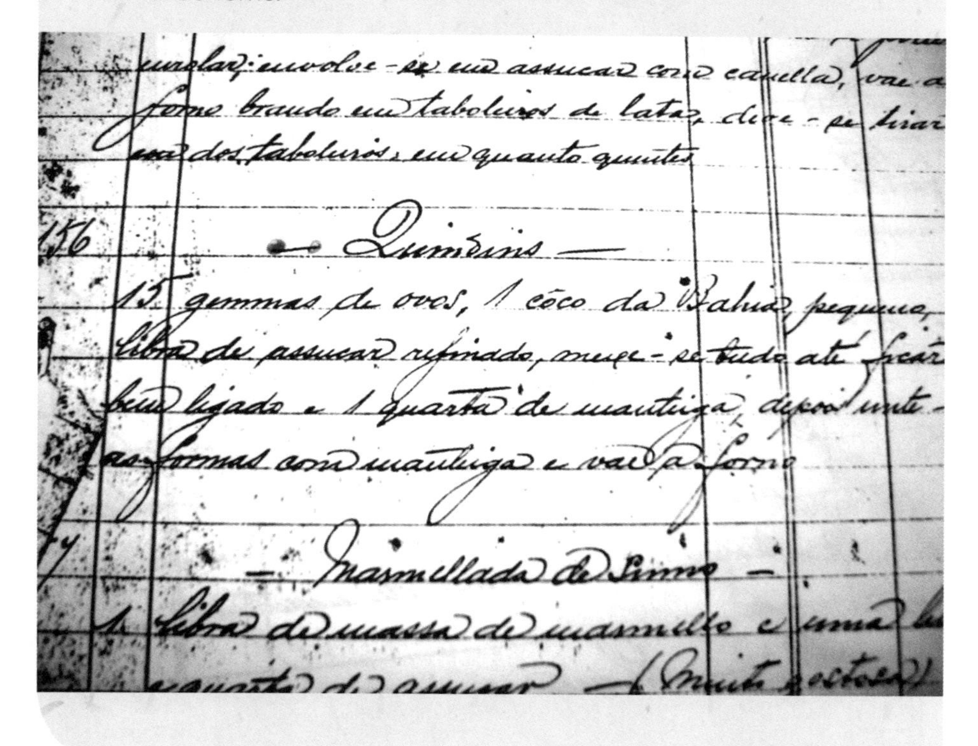

...: envolve-se em assucar com canella, vae a
forno brando em taboleiros de lata, deve-se tirar
... dos taboleiros em quanto quentes

156 — Quindins —

15 gemmas de ovos, 1 côco da Bahia, pequeno,
libra de assucar refinado, mexe-se tudo até ficar
bem ligado e 1 quarta de manteiga, depois unte-
as formas com manteiga e vae ao forno

— Marmellada de [illegible] —

1 libra de massa de marmello e uma ...
a quarta de assucar — (Muito gostosa)

Figura 2.1. Página do caderno de dona Esther Brandão Santos em que se encontra a receita de quindim.

Fonte: SANTOS, Esther Brandão. *Caderno de receitas manuscrito*. Belo Horizonte, 1910.

RECEITA DO LIVRO *É FÁCIL DECORAR... BOLOS – DOCES – SALGADOS* (1958)

QUINDIM

INGREDIENTES:

2 côcos ralados (½ quilo)
O mesmo peso dos cocos, mais 200 g de açucar
50 gramas de manteiga derretida
24 gemas

Preparação – Depois de juntados e misturados os ingredientes, que acabamos de indicar, ir depositando essa mistura em forminhas, untadas com manteiga e polvilhadas com açucar. Conduzidas a um forno quente, aí ficam para serem assadas em banho-maria.

Figura 2.2. Página do livro *É fácil decorar...*

Fonte: CALÇADA, Francisco Henrique & CALÇADA, Elsa Henrique. *É fácil decorar...: bolos – doces – salgados*. São Paulo: Editora e Estamparia Calçada S/A, 1958, p. 174.

RECEITA DE *O GRANDE LIVRO DE RECEITAS DE CLAUDIA* (CONTEÚDO FORMADO ENTRE 1960 E 2000)

QUINDIM

(rende 10 porções)
Manteiga para untar
Açúcar para polvilhar
16 gemas
2 ½ xícaras de açúcar
4 xícaras de coco fresco ralado (520 g)

Preaqueça o forno médio (180 °C). Unte com manteiga e polvilhe com açúcar 1 fôrma de 20 cm de diâmetro. Reserve.

Em uma tigela grande, misture as gemas, o açúcar e o coco ralado. Cubra com filme plástico e deixe descansar por 1 hora. Em seguida, transfira a mistura para a fôrma preparada, cubra e reserve por mais 2 horas. Leve ao forno em banho-maria por 1 hora e 20 minutos, ou até que, ao enfiar um palito no quindim, ele saia seco. Espere esfriar. Desenforme o doce em um prato, cubra com papel-alumínio e leve à geladeira por 2 horas. Sirva em seguida.

RECEITA DO *SITE MAIS VOCÊ*: RECEITAS.COM (2007)[31]

QUINDIM DE IAIÁ

Dê sua nota

Média: ♥♥♥♥♥ (2056 votos)

Ingredientes

30 gemas caipiras peneiradas
250 ml de leite
500 g de açúcar refinado
150 g de coco ralado fresco
suco de ½ limão
1 pitada de sal
manteiga para untar e açúcar para polvilhar a fôrma

Modo de preparo

Numa tigela coloque as gemas, o leite, o açúcar, o coco, o suco de limão e o sal. Misture bem com o auxílio de uma colher de pau.

Transfira a mistura para uma fôrma de pudim (24 cm de diâmetro × 6 cm de altura) untada com manteiga e polvilhada com açúcar. Leve para assar em banho-maria em forno alto (250 °C) por +/– 1 hora e meia. Podem ser usadas forminhas pequenas para fazer porções individuais.

Desenforme ainda quente.

Dica Mais você: para desenformar o quindim depois de frio, coloque a fôrma dentro de uma outra com água quente e deixe-a repousando por +/– 2 minutos.

[31] Na data da pesquisa para essa receita (26-7-2007), o *site* da apresentadora Ana Maria Braga surgia como o quinto resultado na pesquisa no *site* de buscas *Google*, logo abaixo do *site* da Nestlé, que apresentava versão do quindim feita com Leite Moça.

Pulo do gato

Para o quindim não ficar com cheiro de ovo, é preciso retirar a película que envolve a gema. Para isto, na hora de peneirar, use uma peneira de malha grossa e simplesmente fure as gemas com um garfo. Deixe-as passar naturalmente pela malha da peneira (sem usar espátula ou outro objeto). Assim, a película da gema ficará retida na peneira e o quindim não ficará com cheiro de ovo.

Categoria: **Doces e sobremesas.**

Comida: **Brasileira.**

Tempo de preparo: **1h45min.**

Tipo de preparo: **Assados.**

Preço: **R$ 10,00.**

Comparativo da forma das receitas

Layout *das informações*

AÇÚCAR:

- a receita impressa no livro é apresentada em quatro linhas;
- não há separação entre ingredientes e modo de preparo;
- não há nenhum registro de imagem;
- a receita é descrita logo após o título, que aparece em caixa-alta, mas com pouco destaque.

CADERNO DE RECEITAS DE DONA ESTHER BRANDÃO SANTOS:

- a receita foi registrada em letra manuscrita, em caderno pautado;
- o título aparece centralizado no meio da página, e logo abaixo aparecem as medidas e a indicação de preparo, que totalizam quatro linhas;
- não há desenhos ou qualquer outro registro de imagem.

***É FÁCIL DECORAR... BOLOS – DOCES – SALGADOS*:**

- a receita impressa no livro é apresentada em dez linhas;
- já há separação entre os ingredientes necessários à execução da receita e o modo de preparo;
- o livro, de 1958, conta com imagem: abaixo do título, há a indicação da página em que está a fotografia do quindim, na qual os docinhos aparecem acomodados em forminhas brancas dispostas em bandeja redonda, com alças.

***O GRANDE LIVRO DE RECEITAS DE CLAUDIA*:**

- o título (nome da receita) vem em destaque, em caixa-alta, com fonte maior e coloração distinta da utilizada no restante do texto;
- a receita impressa no livro é registrada em treze linhas;
- não há registro de imagem;
- os ingredientes são apresentados separadamente do modo de preparo, centralizadas em um quadro com fundo róseo.

***SITE MAIS VOCÊ*:**

- são usadas diferentes cores e fontes para dar destaque ao nome da receita, lista de ingredientes e modo de preparo, além de um espaço específico de nome "Pulo do gato" (que não mais está no ar);
- todas as informações estão divididas e ordenadas em compartimentos específicos (*frames* ou *templates* para inserção e troca de conteúdos no *site*);
- no momento da pesquisa para este texto, a receita contava com foto centralizada abaixo do título e acima da relação dos ingredientes;
- os ingredientes aparecem em campo separado do texto reservado ao preparo.
- ao todo, são gastas dezenove linhas para o registro da receita, e mais oito para a dica "Pulo do gato".

Quantificação de ingredientes

AÇÚCAR:

- todos os ingredientes são quantificados: coco, açúcar e manteiga em gramas (esta última também em "quarta", provavelmente assim descrita em sua redação original, o que equivaleria a 250 g). A menção à manteiga lavada provavelmente seria por conta dos problemas de conservação do produto importado da Inglaterra. Naquela época, para que o sabor rançoso fosse atenuado, a manteiga era lavada e mantida em água fria antes de ser utilizada.[32] Na receita solicitam-se quatro ingredientes.

CADERNO DE RECEITAS DE DONA ESTHER BRANDÃO SANTOS:

- também fornece medidas: gemas em unidades, açúcar em libras e o coco em unidades (um "pequeno");
- a receita utiliza quatro ingredientes.

É FÁCIL DECORAR... BOLOS – DOCES – SALGADOS:

- todos os ingredientes são quantificados em quilogramas, gramas e unidades;
- a receita utiliza quatro ingredientes.

O GRANDE LIVRO DE RECEITAS DE CLAUDIA:

- além do peso em gramas e da indicação em unidades, também são adotadas medidas caseiras, como xícaras;
- a receita utiliza três ingredientes: a manteiga é usada apenas para untar.

SITE MAIS VOCÊ:

- gramas, mililitros e unidades são utilizados para a quantificação;
- não faz menção às medidas caseiras, como xícaras e colheres;
- a receita utiliza seis ingredientes: a manteiga é utilizada apenas para untar.

---

[32] Informação obtida no *site* do fabricante da manteiga Aviação, na seção "Curiosidades". Disponível em: <http://www.laticiniosaviacao.com.br>.

Tipos de ingrediente mencionados

***AÇÚCAR*:**

- açúcar, coco ralado, manteiga "lavada e escorrida", gemas.

**CADERNO DE RECEITAS DE
DONA ESTHER BRANDÃO SANTOS:**

- gemas, coco "da Bahia", açúcar, manteiga.

***É FÁCIL DECORAR... BOLOS – DOCES – SALGADOS*:**

- coco ralado, açúcar, manteiga derretida, gemas.

***O GRANDE LIVRO DE RECEITAS DE CLAUDIA*:**

- gemas, açúcar, coco "fresco ralado".

***SITE MAIS VOCÊ*:**

- gemas "caipiras", leite, açúcar, coco "ralado fresco", suco de limão, sal.

Detalhamento das técnicas utilizadas

***AÇÚCAR*:**

- não entra em detalhes: pede apenas para misturar, despejar em formas untadas e levar ao forno brando. O texto é escrito na voz passiva sintética.

**CADERNO DE RECEITAS DE
DONA ESTHER BRANDÃO SANTOS:**

- texto muito semelhante ao texto do livro *Açúcar*, ou seja, não há detalhes das operações mencionadas. O texto é escrito na voz passiva sintética.

***É FÁCIL DECORAR... BOLOS – DOCES – SALGADOS*:**

- embora esse texto também seja sucinto, já dá alguns detalhes adicionais, como a indicação da temperatura do forno e a necessidade de assar em banho-maria;
- o texto é escrito segundo a forma nominal do gerúndio.

***O GRANDE LIVRO DE RECEITAS DE CLAUDIA*:**

- várias etapas do preparo ganham mais detalhamento, como indicação de preaquecimento do forno; temperatura exata para o termostato; indicação do tamanho da fôrma a ser utilizada; indicação do tamanho da tigela para adição dos ingredientes; indicação do tempo de descanso da mistura; indicação do tempo exato de cocção no forno; indicativo de teste para verificar o ponto correto de cozimento; indicação de cobrir com papel-alumínio depois de desenformado; informação do tempo de resfriamento em geladeira;
- o texto é escrito no modo verbal imperativo.

***SITE MAIS VOCÊ*:**

- fornece informações diversas referentes ao preparo: indica o tipo de colher com a qual o doce deve ser misturado; informa o tamanho exato da fôrma a ser utilizada, além de sugerir o uso de forminhas individuais; indica a temperatura do forno e a técnica do banho-maria; informa o tempo de cocção no forno; indica que o doce deve ser retirado da fôrma ainda quente; indica como proceder caso o doce seja retirado da fôrma depois de frio;
- o texto é escrito no modo verbal imperativo.

Indicações adicionais

***AÇÚCAR*:**

- não há.

CADERNO DE RECEITAS DE DONA ESTHER BRANDÃO SANTOS:

- não há.

***É FÁCIL DECORAR... BOLOS – DOCES – SALGADOS*:**

- não há.

O GRANDE LIVRO DE RECEITAS DE CLAUDIA:

- fornece o rendimento da receita em porções;
- informa que o doce deve ser servido frio.

SITE MAIS VOCÊ:

- indica o grau de aprovação da receita entre os internautas;
- indica o tempo de preparo da receita;
- indica a inserção da receita em grupos de uso da culinária;
- indica a inserção da receita com relação à sua origem;
- indica o valor aproximado a ser desembolsado com os ingredientes;
- complementa a receita com um texto chamado "Pulo do gato", com dica de como evitar que o doce fique com "cheiro de gema crua". Essa seção não mais existe no *site*.

Ao longo do tempo, um quindim mais "magro" e mais explicado

Assim como foi observado nas receitas de arroz-doce, o número de linhas dedicadas à receita de quindim cresce significativamente – as quatro linhas registradas no livro *Açúcar* e no caderno de família mineiro de 1910 sobem para treze em *O grande livro de receitas de Claudia* e para dezenove no *site* do programa *Mais você*.

Entretanto, no que se refere ao número e tipos de ingredientes, quase não houve alteração ao longo do tempo, talvez por conta da própria "fórmula" do quindim: não há muito o que se acrescentar ou inovar nesse equilíbrio delicado entre gemas, açúcar, manteiga e coco. A receita do *site Mais você* foi a única a utilizar mais ingredientes – inclui leite (!), suco de limão e uma pitada de sal à massa. E, curiosamente, é a versão que mais se utiliza de gemas – 30 unidades para 500 g de açúcar. A proporção verificada nas demais receitas analisadas fica em torno de 500 g de açúcar para 15 ou 16 gemas. A Nestlé, em seu livro *O doce brasileiro*, de 1989, apresenta uma receita de quindão feito com Leite Moça em que os ingredientes são cozidos em panela para, depois, irem ao forno (mais próxima de um pudim ou de um docinho do que exatamente de um quindim). Mas a receita não ganha destaque no próprio livro – não conta com dicas, variações ou registro de imagem. Por sua vez, fabricantes de coco seco veicularam várias receitas de quindim, ora recomendando a hidratação em leite, ora misturando o produto diretamente aos demais ingredientes. Empresas fabricantes de açúcar também fizeram uma ampla divulgação de receitas – um exemplo são os livros que foram editados pelo Centro de Culinária Açúcar União –, mas o tipo e a proporção entre os ingredientes sofrem poucas modificações quando comparados às receitas anteriores ao *boom* da industrialização de alimentos. A principal semelhança entre as receitas é o calor suave e prolongado, capaz de garantir a textura úmida e macia, bem como o aspecto brilhante que caracteriza o doce.

Entretanto, a principal diferenciação entre as cinco receitas apresentadas está na quantidade de gordura (de 250 g de manteiga, como solicita a receita do livro *Açúcar*, ela se reduz, gradativamente, chegando a desaparecer nas receitas registradas a partir dos anos 1960). Outra característica diferente entre as receitas é na forma de registro – nas duas primeiras receitas analisadas, a técnica de preparo praticamente inexiste. As informações mais detalhadas começam a surgir em meados do século XX, como a indicação da temperatura do forno e o uso de banho-maria (há que se lembrar que a transição feita do fogão a lenha para o modelo a gás não foi simples, demandando vários ajustes na técnica de preparo das receitas) até chegar à riqueza de detalhes observados em receitas apresentadas no livro de *Claudia* e no *site Mais você*, como o tamanho exato das tigelas e fôrmas utilizadas, o tempo que a mistura deve descansar, quantificado em horas, a dica para remoção da película da gema, para não comprometer o sabor do doce, etc. Da ausência de detalhamento técnico se chega a treze indicações adicionais que norteiam o preparo. O tom vago utilizado nas receitas até meados do século XX cede lugar ao imperativo adotado por *O grande livro de receitas de Claudia* e pelo *site Mais você*. "Misture, transfira a mistura, leve ao forno, espere esfriar" – ordens dadas por entidades revestidas de autoridade técnica à espera de um bom executor, e não exatamente de um bom cozinheiro. A esse respeito, Carlos Alberto Dória diz:

> Assim, mesmo quando se recorre a um livro de receitas de um *chef* consagrado, se não compreendemos o processo de produção culinária e se não temos uma ideia de onde queremos chegar em termos de paladar, estamos apenas adotando um argumento de autoridade para aumentar nossa segurança num voo cego e sem instrumento (2006, p. 103).

Imagens do preparo em passo a passo, textos com informações detalhadas, *links* com dicas e variações de preparo podem trazer mais segurança, mas não chegam a substituir o aprendizado que deriva da observação da experimentação cotidiana, perdida nessa transição do antigo para o moderno, do rural para o urbano, da rainha do lar para a executiva de sucesso.

Quatro receitas de bolo de fubá

RECEITA DO CADERNO DE RECEITAS DE MARIA GUILHERMINA G. LIBÂNIO (1908)

BOLO DE FUBÁ

2 chicaras de fubá mimoso
1 chicara de farinha de trigo
1 chicara de assucar
2 chicaras de leite
1 colher de manteiga
1 colher de banha
1 colher de chá de Royal
Sal, 2 ovos. Forno quente.

RECEITA DO LIVRO *NOSSAS MELHORES RECEITAS* (1968)

BOLO DE FUBÁ

2 colheres (sopa) de manteiga
3 ovos
1 lata de Leite Moça
a mesma medida de leite de coco
2 ½ xícaras (chá) de fubá refinado
1 colher (sopa) de fermento
2 colheres (sopa) de queijo parmesão ralado

Bata a manteiga, junte as gemas e o Leite Moça, batendo até que fique bem cremoso (20 minutos em batedeira elétrica). Junte o leite de côco e o fubá peneirado com o fermento, mexendo sem bater. Acrescente as claras em neve e o queijo ralado. Leve ao forno quente em fôrma untada e enfarinhada por 20 minutos.

RECEITA DO LIVRO *O DOCE BRASILEIRO: AS MARAVILHAS DE LEITE MOÇA* (1989)

BOLO DE FUBÁ

Ingredientes

3 ovos
2 colheres (sopa) de manteiga
1 lata de Leite Moça
1 e meia xícara (chá) de leite
2 e meia xícaras (chá) de fubá
1 colher (sopa) de fermento em pó
Manteiga para untar
Fubá para polvilhar

Modo de preparo

1. Bata as claras em neve e reserve.
2. Bata a manteiga até que fique bem cremosa.
3. Junte as gemas, uma a uma, e vá despejando o Leite Moça, com a batedeira em movimento. Acrescente o leite.
4. Peneire sobre a massa o fubá com o fermento e incorpore-os delicadamente à massa.
5. Misture levemente as claras reservadas à massa do bolo.
6. Despeje numa fôrma redonda com cerca de 25 cm de diâmetro, com buraco no meio, untada e polvilhada com fubá. Asse em forno médio (180 °C) previamente aquecido por aproximadamente 40 minutos.

   Rendimento: 10 a 15 porções.

Variações

Faça o Bolo de Fubá com um gostinho:

- **de fazenda**: juntando à massa 1 colher (sobremesa) de erva-doce.
- **mineiro**: juntando à massa 2 colheres (sopa) de queijo parmesão ralado.
- **de coco**: substituindo 1 xícara (chá) de leite por igual quantidade de leite de coco. Mantenha o restante do leite comum da receita.
- **tropical**: substituindo o leite por igual quantidade (1 e meia xícara das de chá) de suco de laranja.

Dicas

- Retire os ovos e a manteiga da geladeira com alguma antecedência. Assim, eles estarão à temperatura ambiente ao empregá-los no preparo do bolo. Isso é importante para a massa.
- Em primeiro lugar, bata as claras na tigela menor da batedeira. É importante que as pás estejam limpas e completamente secas, para formar a "neve" crescida e firme. Uma pitada de sal ajudará no seu crescimento.
- Para não prejudicar a ação do fermento, prepare a massa depois de ter batido as claras em neve. Além disso, não há necessidade de lavar as pás da batedeira, pois os resíduos da clara batida não irão interferir na massa.
- Não abra o forno enquanto não passarem pelo menos 20 minutos de cozimento, pois o contraste de temperatura pode fazer o bolo "solar".
- Para saber se o bolo já está pronto, espete um palito na massa: se ele sair seco, o bolo já estará assado.

RECEITA DO *SITE TUDO GOSTOSO* (2010)[33]

BOLO DE FUBÁ DA VÓ MARIA

- Ícone para o tempo de preparo (relógio): 1h00min
- Ícone para o rendimento (prato com talheres): 12 porções
- Ícone para opiniões de internautas (5 talheres enfileirados): 340 opiniões

INGREDIENTES

4 ovos
2 xícaras de chá de açúcar
2 xícaras de chá de trigo
1 xícara de chá de fubá
3 colheres de sopa de margarina
1 xícara de chá de leite
4 colheres de chá de fermento

MODO DE PREPARO

1. Bater as claras em neve, acrescentar o açúcar, continuar batendo.
2. Acrescente aos poucos as gemas, a margarina, o leite, a farinha de trigo, o fubá e continue batendo.
3. Coloque por último o fermento, bata por mais 1 minuto.
4. Coloque a massa numa forma untada e deixe assar em forno médio preaquecido por aproximadamente 30 minutos.

- Ícone para tabela de conversão de medidas (balança).
- Ícone para imprimir a lista de compras da receita (listinha).
- Ícone para adicionar a receita ao livro virtual (livro).
- Ícone para buscar outras receitas com o mesmo perfil (fichário)

[33] Primeiro resultado de busca no *site* de buscas *Google*.

Comparativo da forma das receitas

Layout *das informações*

**CADERNO DE RECEITAS
DE MARIA GUILHERMINA G. LIBÂNIO**:

- a receita foi registrada em caderno pautado, em letra manuscrita, utilizando oito linhas;
- o título (nome da receita) aparece centralizado no alto da página;
- logo abaixo, está a listagem de ingredientes; não existe modo de preparo, apenas a indicação de "forno quente";
- não há registro de imagem.

NOSSAS MELHORES RECEITAS:

- a receita está diagramada em colunas e divide a página com texto introdutório sobre o "tabuleiro da baiana";
- logo abaixo do título, em caixa-alta, está a imagem do bolo inteiro, desenformado, no centro de uma mesa;
- a receita está dividida entre ingredientes e o modo de preparo, embora essas palavras, em específico, não estejam presentes;
- o registro da receita no livro é impresso em dezesseis linhas.

O DOCE BRASILEIRO: AS MARAVILHAS DE LEITE MOÇA:

- a receita, impressa com fotografia, dicas e variações, ocupa uma página inteira (formato 20 cm × 27 cm). Conta ainda com o preparo descrito passo a passo, que ocupa mais duas páginas;
- a paginação está concebida em blocos: ingredientes e modo de preparo somam um deles. Outros três são preenchidos pelas dicas, variações e imagem do bolo servido, já sem uma fatia, em *close*;
- cores e fontes diferentes são utilizadas como recursos de paginação, sendo que o corpo da fonte do texto da receita é ligeiramente maior do que o utilizado para as dicas e variações.

***SITE TUDO GOSTOSO*:**

- o título (nome da receita) vem em destaque, em caixa-alta, fonte maior e com coloração distinta da utilizada no restante do texto;
- os *frames* utilizados para os ingredientes e modo de preparo também estão em fontes e cores distintas;
- possui imagens postadas pelos próprios internautas;
- utiliza vários ícones para a composição do *layout* – tempo de preparo, rendimento, tabelas de conversão de medidas, e serviços propostos pelo *site* (impressão e envio da receita, bem como a inclusão em livro virtual) – são apresentados com esse recurso visual.

Quantificação de ingredientes

CADERNO DE RECEITAS DE MARIA GUILHERMINA G. LIBÂNIO:

- os ingredientes são quantificados em xícaras, colheres e unidades (ovos). Não há menção ao peso em gramas ou quilogramas, tampouco em mililitros;
- a receita utiliza nove ingredientes.

***NOSSAS MELHORES RECEITAS*:**

- também utiliza como medidas xícaras, colheres e unidades. A lata de leite condensado é utilizada para medir o leite de coco;
- ao todo, solicita sete ingredientes.

***O DOCE BRASILEIRO: AS MARAVILHAS DE LEITE MOÇA*:**

- todos os ingredientes são quantificados em xícaras, colheres e unidades;
- a receita utiliza seis ingredientes.

***SITE TUDO GOSTOSO*:**

- xícaras, colheres e unidades são utilizadas para a quantificação; não há menção em gramas ou mililitros;
- a receita utiliza sete ingredientes.

Tipos de ingrediente mencionados

CADERNO DE RECEITAS
DE MARIA GUILHERMINA G. LIBÂNIO:

- fubá mimoso, farinha de trigo, açúcar, leite, manteiga, banha, fermento, sal, ovos.

***NOSSAS MELHORES RECEITAS*:**

- manteiga, ovos, leite condensado, leite de coco, fubá refinado, fermento, queijo parmesão ralado.

***O DOCE BRASILEIRO: AS MARAVILHAS DE LEITE MOÇA*:**

- ovos, manteiga, leite condensado, leite, fubá, fermento.

***SITE TUDO GOSTOSO*:**

- ovos, açúcar, farinha de trigo, fubá, margarina, leite, fermento.

Detalhamento das técnicas utilizadas

CADERNO DE RECEITAS
DE MARIA GUILHERMINA G. LIBÂNIO:

- não há texto. A única informação não passa de uma frase: apenas sugere-se "forno quente".

***NOSSAS MELHORES RECEITAS*:**

- indica o ponto correto para bater as gemas e o produto, apresentando um referencial de tempo e textura;
- informa que a fôrma deve estar untada e enfarinhada;
- informa que o forno deve estar quente;
- indica o tempo (em minutos) para a cocção;
- o texto é escrito no modo verbal imperativo.

***O DOCE BRASILEIRO: AS MARAVILHAS DE LEITE MOÇA*:**

- traz diversas informações referentes ao preparo: informa a textura que a manteiga deve adquirir após o batimento; detalha a técnica para a mistura dos ingredientes (batedeira ligada, gemas acrescidas uma a uma); indica o formato e o tamanho da fôrma a ser utilizada; indica o aquecimento prévio do forno; indica a temperatura para o termostato; dá referência (em minutos) para o tempo de cocção;

- o texto é escrito no modo verbal imperativo.

***SITE TUDO GOSTOSO*:**

- informa que as gemas devem ser incorporadas à massa "aos poucos";
- indica o tempo (em minutos) para o batimento da massa;
- relata que a fôrma deve estar untada;
- indica que o forno deve ser previamente aquecido;
- indica a temperatura (em minutos) para a cocção;
- as frases são escritas segundo a forma nominal do verbo infinitivo.

Indicações adicionais

**CADERNO DE RECEITAS
DE MARIA GUILHERMINA G. LIBÂNIO:**

- não há.

***NOSSAS MELHORES RECEITAS*:**

- não há.

***O DOCE BRASILEIRO: AS MARAVILHAS DE LEITE MOÇA*:**

- fornece várias informações complementares, sob a forma de dicas e variações, como: o rendimento da receita em porções; sugestão de inclusão de quatro diferentes ingredientes capazes de dar um "toque regional" à receita; cinco dicas que explicam a razão de ser das técnicas de preparo sugeridas.

***SITE* TUDO GOSTOSO:**

- fornece várias informações complementares sob a forma de ícones, como: tempo gasto para executar a receita; detalhamento do rendimento do bolo em porções; cinco serviços previstos no desenvolvimento do *site*: a inserção de comentários de internautas que fizeram a receita em casa, consulta à tabela de equivalências de peso e medidas (transformar xícaras em gramas, por exemplo), serviços para a impressão da receita e/ou dos ingredientes necessários para a sua execução, *download* da receita em um livro virtual e a pesquisa no banco de receitas do *site*, para buscar outras receitas com o mesmo perfil de ingredientes.

Ao longo do tempo, da massa mais pesada ao "bolo fofinho"

O mesmo padrão de escrita observado nos exemplos anteriores se mantém aqui. A receita mais antiga, registrada em caderno familiar de 1908, apenas elenca os tipos e quantidade de ingredientes necessários, e mescla fubá com farinha de trigo. A presença da indústria de alimentos já se faz notar – o crescimento da massa fica por conta do fermento químico Royal. Dentre as quatro versões pesquisadas, é a única que não detalha o uso de claras batidas em neve, menciona apenas os "dois ovos". Cabe ressaltar que várias receitas dispensam o uso das claras em neve – os ingredientes são apenas misturados e assados em tabuleiros. O bolo crescido e fofinho, tal como é apreciado atualmente, é fruto da combinação da distribuição do calor que o forno a gás possibilita; o bolo colonial era bem mais massudo e úmido, assado em panelas dotadas de tampas furadas, utensílio que hoje não faz parte do enxoval doméstico. Foram encontradas também versões com pouca quantidade ou até ausência de açúcar, sugerindo que versões salgadas conviviam ao lado do bolo doce, que acabou sobrepujando o outro uso. Para o "bolo fofinho" contribui também o uso do fermento químico (algumas vezes, do bicarbonato) e das claras batidas em neve, operação que foi simplificada e mais utilizada com a disseminação das batedeiras elétricas.

As duas receitas publicadas pela Nestlé têm uma diferença de dezoito anos. E o fato digno de destaque é que a receita é exatamente igual – os mesmos ingredientes nas mesmas proporções. Na versão de 1989, o parmesão ralado e o leite de coco saem do corpo da receita para se transformar em variações – "Gostinho Mineiro", quando se adiciona queijo; e "Coco", quando se acrescenta leite de coco. Embora o eixo da receita se mantenha, o número de informações adicionais cresce imensamente. A receita que em 1968 ocupava dezesseis linhas em um livro de formato pequeno, estilo brochura, ganha três páginas, com direito a foto em *close*, criando forte apelo visual – as migalhas no prato parecem sugerir a maciez do bolo (figuras 2.3 e 2.4).

O TABULEIRO DA BAIANA TEM...

O TABULEIRO DA BAIANA TEM...
Tradição, sabor e fama.

O costume bem brasileiro de gostar de doces e de comê-los em qualquer lugar ou hora estimulou, nos tempos da Colônia, o aparecimento do tabuleiro cheio de doces. Em pontos fixos da cidade ou a correr as ruas, tornou-se conhecida a figura das gordas e místicas baianas, cuja arte haviam aprendido nas casas grandes e à qual acrescentaram um toque de colorido africano.

O tabuleiro, grande e asseado, era variado em sabores: cocada, pé-de-moleque, bombocado, bôlo de fubá. Os doces tinham vida no papel colorido recortado em forma de coração, peixes, passarinhos, cavalinhos que os enfeitavam e eram servidos sôbre pequenas fôlhas de bananeira.

Existentes por todo o Brasil, hoje as negras de tabuleiro estão desaparecendo (restam umas poucas na Bahia): os tabuleiros foram trocados pelas bandejas, as fôlhas de bananeira pelas forminhas de papel, mas os sabores dos doces de tabuleiro, modernizadas as receitas, conservam-se no pregão de sempre:

— Quer doce, Ioiô?

BÔLO DE FUBÁ

2 colheres (sopa) de manteiga
3 ovos
1 lata de Leite Moça
a mesma medida de leite de côco
2½ xícaras (chá) de fubá refinado
1 colher (sopa) de fermento
2 colheres (sopa) de queijo parmesão ralado

Bata a manteiga, junte as gemas e o Leite Moça, batendo até que fique bem cremoso (20 minutos em batedeira elétrica). Junte o leite de côco e o fubá peneirado com o fermento, mexendo sem bater. Acrescente as claras em neve e o queijo ralado. Leve ao forno quente em fôrma untada e enfarinhada por 20 minutos.

Figura 2.3. Na página do livro *Nossas melhores receitas*, de 1968, o texto insere o Leite Moça na tradição da doçaria brasileira, vinculando-o aos doces de tabuleiro coloniais. O produto seria a maneira simplificada de resgatar o sabor de antigamente.

Fonte: *Nossas melhores receitas*. São Paulo: Nestlé Industrial e Comercial Ltda., 1968.

BOLOS

Um sucesso a qualquer hora

Presentes nos livros de receitas mais antigos, obrigatório nos fogões de lenha das tradicionais fazendas, o Bolo de Fubá de tantas gerações continua fazendo o mesmo sucesso nas nossas mesas. Leite Moça dá aqui sua contribuição de sabor, além de muitas dicas de preparo.

Figura 2.4. Em *O doce brasileiro: as maravilhas de Leite Moça*, de 1989, o *close* é maior, mostrando a textura macia, reforçada pela fina camada de açúcar de confeiteiro polvilhada sobre o bolo, em uma luz mais cálida. O prato de madeira, bem como as palhas de milho, remetem ao natural, a um padrão colonial de casa de fazenda. O texto disposto abaixo da imagem reforça esse conceito ao rememorar o bolo de fubá feito no fogão a lenha.

Fonte: *O doce brasileiro: as maravilhas de Leite Moça*. São Paulo: Nestlé Industrial e Comercial Ltda., 1989, p. 173. Material distribuído gratuitamente ao consumidor.

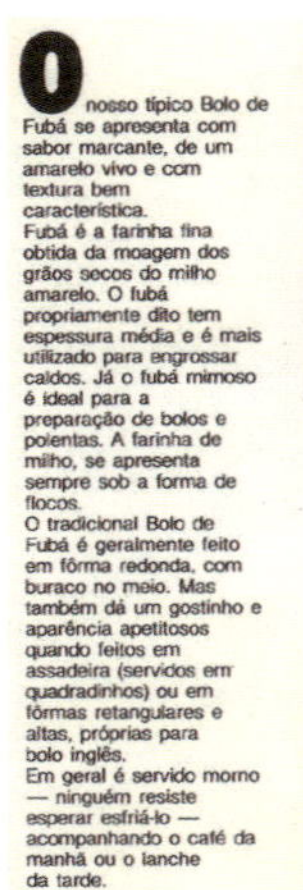
O nosso típico Bolo de Fubá se apresenta com sabor marcante, de um amarelo vivo e com textura bem característica.
Fubá é a farinha fina obtida da moagem dos grãos secos do milho amarelo. O fubá propriamente dito tem espessura média e é mais utilizado para engrossar caldos. Já o fubá mimoso é ideal para a preparação de bolos e polentas. A farinha de milho, se apresenta sempre sob a forma de flocos.
O tradicional Bolo de Fubá é geralmente feito em fôrma redonda, com buraco no meio. Mas também dá um gostinho e aparência apetitosos quando feitos em assadeira (servidos em quadradinhos) ou em fôrmas retangulares e altas, próprias para bolo inglês.
Em geral é servido morno — ninguém resiste esperar esfriá-lo — acompanhando o café da manhã ou o lanche da tarde.

1 Unte a fôrma com manteiga e polvilhe-a com fubá (a farinha de trigo pode deixar suas marcas na superfície do bolo). Espalhe o fubá igualmente sobre a superfície untada e retire o excesso dando tapinhas nos lados da fôrma e jogue-o fora.

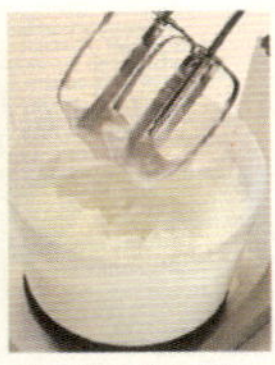

2 Para bater as claras em neve use a tigela menor da batedeira. As claras dão leveza à massa, por isso, devem ser muito bem batidas — até formar picos firmes e pontudos ao levantar as pás.

6 Acrescente primeiro uma parte das claras batidas (cerca de 1/4) à massa, para torná-la mais leve. Depois de incorporada a clara, junte o restante e, usando uma espátula, mexa delicadamente com movimentos de baixo para cima, até que a mistura fique homogênea. As claras devem ser misturadas delicadamente à massa, sem bater, para evitar que o ar incorporado se perca.

BOLOS

3 Bata a manteiga com as gemas. A seguir, junte o Leite Moça em fio grosso. Mantenha a batedeira em movimento, raspando as laterais com uma espátula.

4 Adicione o leite. Nessa etapa você poderá fazer as variações do bolo, substituindo o leite por outro líquido, ou acrescente outros ingredientes, como erva-doce, queijo, coco ralado etc.

5 Peneire juntos o fubá e o fermento, para facilitar a mistura e evitar o crescimento desproporcional pela concentração de fermento. Misture delicadamente.

BOLO DE FUBÁ

Ingredientes:
3 ovos
2 colheres (sopa) de manteiga
1 lata de Leite Moça
1 e meia xícara (chá) de leite
2 e meia xícaras (chá) de fubá
1 colher (sopa) de fermento em pó
manteiga para untar
fubá para polvilhar

Modo de preparo:
1 Bata as claras em neve e reserve.
2 Bata a manteiga até que fique bem cremosa.
3 Junte as gemas, uma a uma, e vá despejando o Leite Moça, com a batedeira em movimento. Acrescente o leite.
4 Peneire sobre a massa o fubá com o fermento e incorpore-os delicadamente à massa.
5 Misture levemente as claras reservadas à massa do bolo.
6 Despeje numa fôrma redonda com cerca de 25 cm de diâmetro, com buraco no meio, untada e polvilhada com fubá. Asse em forno médio (180°C), previamente aquecido por aproximadamente 40 minutos.

Rendimento: 10 a 15 porções

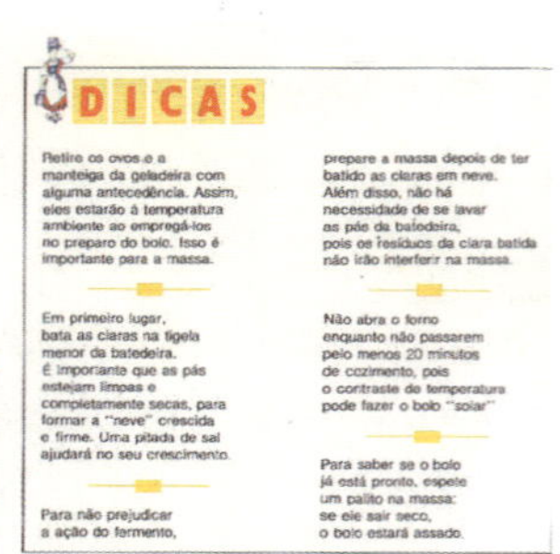
DICAS

Retire os ovos e a manteiga da geladeira com alguma antecedência. Assim, eles estarão à temperatura ambiente ao empregá-los no preparo do bolo. Isso é importante para a massa.

Em primeiro lugar, bata as claras na tigela menor da batedeira. É importante que as pás estejam limpas e completamente secas, para formar a "neve" crescida e firme. Uma pitada de sal ajudará no seu crescimento.

Para não prejudicar a ação do fermento, prepare a massa depois de ter batido as claras em neve. Além disso, não há necessidade de se lavar as pás da batedeira, pois os resíduos da clara batida não irão interferir na massa.

Não abra o forno enquanto não passarem pelo menos 20 minutos de cozimento, pois o contraste de temperatura pode fazer o bolo "solar"

Para saber se o bolo já está pronto, espete um palito na massa: se ele sair seco, o bolo estará assado.

7 Ao despejar a massa na fôrma untada, cuide para que a mistura fique a 3 cm abaixo das bordas, para evitar que derrame durante o cozimento. Não se esqueça de preaquecer o forno cerca de 10 minutos antes de colocar o bolo para assar.

8 Depois de aproximadamente 30 minutos, espete um palito no bolo; se sair limpo, estará pronto. Deixe-o descansar por alguns minutos fora do forno e, então, desenforme-o ainda morno.

BOLO DE FUBÁ

VARIAÇÕES

Faça o **Bolo de Fubá** com um gostinho:

de fazenda: juntando à massa 1 colher (sobremesa) de erva-doce.

mineiro: juntando à massa 2 colheres (sopa) de queijo parmesão ralado.

de coco: substituindo 1 xícara (chá) de leite por igual quantidade de leite de coco. Mantenha o restante do leite comum da receita.

tropical: substituindo o leite por igual quantidade (1 e meia xícara das de chá) de suco de laranja.

Figuras 2.5, 2.5a e 2.5b. No livro de 1989, o preparo do bolo é dividido em imagens passo a passo, ensinando com detalhes as etapas de execução dessa releitura do tradicional bolo de fubá mineiro.

Fonte: *ibid.*, pp. 174-176.

É possível apreender, desse caso, o esforço feito pela Nestlé para introduzir um novo uso ao seu produto, vinculando-o a uma receita da tradição da doçaria brasileira. O convencimento se dá pelas indicações adicionais da receita: dicas e variações para minimizar a chance de erros ao longo do caminho, conquistando a confiança do consumidor e, em última análise, tornando-os fiéis à marca.[34]

Com relação à receita apresentada no *site* culinário do provedor UOL, o aspecto de maior relevância recai na interatividade. Embora a receita publicada seja de origem interna (fornecida pelo próprio *site*), permite-se que os internautas postem imagens dos bolos que fizeram em casa, bem como comentários sobre a receita – em sua maioria favoráveis. De modo análogo ao comentado para a receita de arroz-doce, do mesmo *site*, as informações são transmitidas na forma de itens, em frases curtas. A preferência pela textura extremamente macia, característica de nossa época, evidencia-se pelo aumento na quantidade de fermento, na mescla entre fubá e farinha de trigo (denominada apenas de "trigo") e nas claras batidas em neve. Embora apresente menos texto, a receita fornece os indicativos e informações necessárias para que possa ser executada por pessoas com pouca intimidade com as panelas, traço comum em nossa sociedade principalmente a partir dos anos 1950 e 1960.

O aprendizado culinário pela receita escrita

Como se aprende a cozinhar? Parece bastante razoável afirmar que a maior parte do aprendizado se dá por meio da observação cotidiana, em que se experimenta e se vivencia o ponto certo do doce, da calda, do refogado. O registro escrito é a simples decorrência desse saber apreendido por meio da experiência anterior. Laura de Souza Chaui

[34] Vamos tratar a questão da fidelização ao trabalhar com cartas de consumidores dirigidas ao produto Leite Moça entre os anos 1980 e 2000.

e Marilena Chaui, na obra *Professoras na cozinha*, explicitam de forma bastante clara essa questão, afirmando que é um livro "dedicado às pessoas que não têm muito tempo ou que não têm muita experiência na cozinha" (2005, p. 10). E completam: "E como falta de experiência se corrige ganhando experiência, achamos que vale a pena oferecer sugestões para pequenas e grandes recepções" (*ibidem*). Até a página 115 (o livro conta com 383 páginas, incluindo as referências bibliográficas), as autoras se ocupam em "traduzir" o vocabulário da cozinha, seus utensílios, medidas e técnicas para um novo perfil de cozinheiro, que seria sobretudo a mulher que trabalha fora, que cresceu apartada dos serviços domésticos. Truques e segredinhos que parecem ter saído de manuais dos anos 1950 são retomados com uma linguagem reformulada e didática: "Não se afobe! Tudo tem jeito"; "Atenção! Não é qualquer coisa que combina com outra!"; "Vagens? Gosto muito, mas aqueles fios" (*ibid.*, pp. 62, 115, 151).

Luce Giard, no livro *A invenção do cotidiano*, usa sua experiência pessoal como exemplo: "Eu não sabia fazer nada [...] e a solução me pareceu evidente: essas coisas, como tantas outras, podem ser aprendidas nos livros" (*apud* Certeau, Giard e Mayol, 2005, p. 213). E cabe aqui ressaltar a incômoda consciência do descompasso entre o oral e o escrito. Como Ítalo Calvino esclarece, fica-se no limiar de duas correntes contrárias, uma que afirma que "o mundo não existe, só a linguagem existe" (1996, p. 142) e a outra que diz que "a linguagem não tem sentido, o mundo é literalmente inexprimível" (*ibidem*).[35]

Como, então, resgatar um conhecimento desenvolvido, em sua maioria, por mulheres iletradas, ou por práticas quase inexistentes nos dias de hoje? De onde vêm as regras básicas da cozinha? "Faz-se assim porque sempre se fez assim" (Certeau, Giard e Mayol, 2005, p. 234), ou seja, determinado modo de cozinhar é apreendido por meio da observação (e talvez, desse aspecto, derive o registro das receitas

35 "Se sentimos tão intensamente a incompatibilidade entre o escrito e o não escrito é porque estamos hoje muito mais cientes do que é o mundo escrito [...] a linguagem é empregada de acordo com suas próprias técnicas e estratégias, de que os significados e as relações entre os significados se organizam segundo sistemas especiais [...]" (Calvino, 1996, p. 142).

mais antigas na forma da voz passiva sintética). Para Luce Giard, em sua geração, as receitas escritas passadas de mãe para filha perderam sua razão de ser:

> os tempos haviam mudado e minhas fontes de informação em matéria de culinária eram quase sempre a mídia [...] cada uma se volta para a experiência de pessoas da mesma idade, abandonando em silêncio o modelo das gerações passadas, com o obscuro sentimento de que as receitas tradicionais vindas do passado seriam complicadas demais [...] não se adaptariam ao nosso modo de vida, além de, no fundo, fazerem referência a um antigo *status* social da mulher. (*ibidem*)

Se na França, país amplamente associado à tradição culinária, houve uma ruptura na disseminação desse conhecimento em um momento em que as mulheres viraram as costas às antigas práticas culinárias, o que dizer do Brasil, cuja tradição culinária resulta de pelo menos três culturas culinárias distintas, e que foi praticada, ao longo dos anos, por mão de obra escrava, que em nada qualificaria a atividade? A receita registrada sob a forma escrita ainda carrega vários inconvenientes. No caso dos livros patrocinados por empresas (como é o caso das publicações da *Revista Claudia* e dos receituários da Nestlé), nem sempre a pessoa que redige é a mesma que realizou o teste prático da receita em todas as suas etapas. Considerando-se as várias fases do processo de produção destes materiais, pode ocorrer, eventualmente, a supressão de alguns comentários, fazendo com que algumas operações culinárias importantes sejam omitidas, o que dificultaria a execução da receita.

As "patroas", que dominam o código da escrita e leitura, no mais das vezes sabem apenas a teoria de termos próprios do ambiente culinário, como saltear, refogar, escalfar, branquear, não sendo capazes de reproduzir as preparações apenas com um texto em mãos. Faltam a prática, a observação cotidiana de gestos e rituais. E as empregadas, por sua vez, não conseguem entender o texto escrito, seja por conta da dificuldade de leitura em si, seja devido aos termos técnicos utilizados ou erros nele contidos (como frações como ½, ¾ ou até mesmo a simples identificação do que seria 1 colher de sopa e 1 colher de chá, por exemplo). Nesse sentido, a televisão e os pequenos filmes publicados na internet se mostram muito mais eficazes. Esse tipo de mídia permite que se visualizem os gestos e que se anotem apenas as quantidades, ainda que em ritmo veloz. O restante da técnica fica por conta da memória.

Luce Giard, citando Lévi-Strauss, diz que "a cozinha constitui uma linguagem na qual cada sociedade codifica mensagens que lhe permitem significar pelo menos uma parte do que ela é, uma linguagem na qual ela traduz inconscientemente sua estrutura" (*ibid*, p. 246). Tabus e restrições alimentares, assim como desvios de comportamento em relação à comida – como a anorexia, a obesidade e a bulimia –, têm sido amplamente abordados pelas áreas médicas e também pelas ciências humanas, como elementos representativos que permitem a compreensão de determinadas sociedades. Na abordagem deste trabalho, os textos das receitas são entendidos como documentos ricos em significados, que podem ser identificados pela omissão de determinados dados ou, de modo mais claro e linear, resgatando técnicas e hábitos esquecidos, que integram uma rotina de vida deixada de lado em nossa história. Segundo Carlos Alberto Dória,

> é um erro imaginar que as receitas, em suas diferenças, refletem apenas as interpretações livres dos seus autores. É quando se faz necessária a pesquisa de cunho histórico, que hierarquiza as receitas na sua própria trajetória. Receitas como meros "modos de fazer" são inúteis. (Dória, 2006, p. 103)

Sob esse prisma, a discussão sobre a função da escrita, representando ou recriando determinadas realidades, e a mudança nessa forma de registrar um conhecimento que, até há bem pouco tempo, fazia parte do domínio oral, é extremamente rica. Esse tipo de mudança guarda relação direta com a difusão da vida urbana, com a participação crescente da mulher no mercado de trabalho, além do "desejo coletivo" de inserção na modernidade, mesmo que não se saiba ao certo o que isso venha a ser.

No momento de transição de hábitos e costumes, ocorrido aqui de modo mais significativo em meados do século XX, a indústria de alimentos ocupou papel central na formação culinária de várias gerações de mulheres que oscilavam entre o mercado de trabalho e suas funções como "rainhas do lar". O esforço estava em passar a ideia de que o trabalho doméstico estaria simplificado: os *slogans* adotados eram o da redução de tempo e de esforço para as atividades domésticas, em um momento em que não se contava mais com a mão de obra escrava, quando a mulher das classes mais abastadas não podia mais delegar todas as funções domésticas aos serviçais, como relatou J. Mawe (1978). Uma nova solução surge e vem, em grande parte, patrocinada pelas indústrias de alimentos e de equipamentos no contexto da urbanização, em curso desde o final do século XIX, e da consolidação da classe média, conforme será discutido nos próximos capítulos.

A indústria de alimentos na educação culinária

A urbanização de São Paulo e a formação da classe média

O fenômeno da urbanização da cidade de São Paulo foi pródigo em desdobramentos econômicos, sociais e também culturais. A expansão cafeeira, o processo abolicionista, as políticas de incentivo à imigração, bem como a implantação de estradas de ferro para o escoamento do "ouro verde" ao porto de Santos contam com estudos sérios e bem divulgados. Os números são grandiosos e reveladores: de 31 sacas de café exportadas em 1801, passa-se para 9,5 milhões em 1901. Até 1820, a cidade abrigava aproximadamente 4.200 casas (em sua maioria feitas de taipa). As principais edificações eram o Palácio do Governo, a Câmara Municipal, os conventos (São Francisco, São Bento e Luz) e as igrejas (da Sé, do Colégio, da Misericórdia, dos Remédios, do Rosário, Santa Ifigênia). Em menos de sessenta anos, o panorama já é outro: a cidade passa a ter 7.012 prédios, sendo que 79 possuíam dois pavimentos e 14 possuíam três andares. Praças de chão batido dão lugar a passeios públicos bem ajardinados (Matos, 1955).

O deslocamento de pessoas também muda em poucos anos. Até 1870, a cidade não contava sequer com um sistema de transporte coletivo. Em 1872, chega a Companhia Viação Paulista (CVP) trazendo bondes puxados por burros. No dia 23 de outubro de 1883, acontece a primeira demonstração de iluminação elétrica na cidade, reunindo cerca de três mil pessoas (Souza, 2003). Em maio de 1900, mais uma novidade: o bonde movido a energia elétrica. As lembranças do escritor Oswald de Andrade revelam o impacto dessa transformação:

> Um mistério esse negócio de eletricidade. Ninguém sabia como era. Caso é que funcionava [...]. Um amigo informava: "O bonde pode andar até a velocidade de nove pontos. Mas, aí, é uma disparada dos diabos. Ninguém aguenta. É capaz de saltar dos trilhos. E de matar todo mundo. (Andrade *apud* Souza, 2003, p. 81)

A explosão populacional é outro indicador desse momento de transformação: a cidade, que por volta de 1810 contava com cerca de 20 mil habitantes (Matos, 1955), cem anos mais tarde abriga 450 mil pessoas, sendo que, desse total, mais de um terço era composto por estrangeiros (Souza, 2003). Em 1934, estimava-se que a população já havia ultrapassado a casa do milhão. Segundo Brian Owensby (1999), o número de pessoas alfabetizadas cresce 25% entre 1887 e 1920; já o de profissionais liberais, funcionários públicos e das redes privadas chega a dobrar.

Esse mesmo autor estabelece uma relação entre o fenômeno da urbanização e o fluxo migratório (e, consequentemente, a explosão populacional e o dinheiro gerado pelo café) na abertura de novos horizontes para a classe média em formação. Segundo Owensby, no início da década de 1930, "filhos de estrangeiros e de brasileiros moderadamente bem-sucedidos entravam nas novas áreas profissionais de ensino, engenharia, economia e em outras ocupações que surgiram com a industrialização e com a expansão do Estado" (*Ibid.*, p. 31). Esse novo segmento da sociedade acaba por constituir uma alternativa para os estabelecimentos comerciais após a crise de 1929, que tinham na aristocracia cafeeira seu principal público consumidor. Assim foi com a loja Mappin, criada em 1913 por importadores britânicos e que, a partir da década de 1930, estende seus produtos para a classe média. A estratégia de diversificação ganha novo impulso no final dos anos 1940, com a chegada da loja Sears e de outros grandes magazines, como registra Owensby ao citar a fala do gerente da loja em meados dos anos 1950: "O Mappin foi cuidadoso e teve a habilidade de descer alguns degraus sem cair na vulgaridade ou perder seu nome" (*ibid.*, p. 114). O autor conclui que "ela [a loja] voltou sua atenção para a classe média consumista que compensava em volume a liberdade financeira de que não dispunha, em comparação à clientela de elite anterior" (*ibidem*).

Assim, as últimas décadas do século XIX e as primeiras do século XX são, ao mesmo tempo, fruto e substrato de transformações ocorridas no âmbito da vida privada. Fruto, na medida em que estão inseridas no contexto da dinâmica da expansão da economia ocidental. Segundo Nicolau Sevcenko (2006), esse é o momento da Segunda Revolução Industrial ou Revolução Científico-Tecnológica, ocorrida em meados do século XIX e que se configura plenamente em 1870. Desenvolvem-se novos potenciais energéticos, como a eletricidade e os altos-fornos. A microbiologia, a bacteriologia e a bioquímica têm forte impacto na medicina, no controle das moléstias e também na conservação dos alimentos. E também substrato porque criam o tecido social para transformações na percepção do mundo e, consequentemente, no modo de ser e agir das pessoas. O foco deste livro está nas mudanças ocorridas ao longo do século XX, principalmente em São Paulo, na maneira como as pessoas aprendem a cozinhar e a se relacionar com a comida. Hábitos alimentares formados desde o início da colonização sofrem alterações significativas nesse novo cenário urbano. Alterações sutis em um primeiro momento, sobretudo por pertencerem à esfera doméstica, mas que atingem uma dimensão maior quando se olham o crescimento da indústria de alimentos e todo o arsenal de serviços de *marketing* criado para conquistar seus consumidores. O modo como o conhecimento culinário era construído e praticado sofreu rupturas com a introdução do fogão a gás, dos alimentos industrializados e dos eletrodomésticos, entre outros. Esses novos produtos e equipamentos, por sua vez, desencadearam uma gama de atividades propostas pelos fabricantes para que o público consumidor urbano valorizasse e dominasse esse novo estilo de vida proposto, com o apelo do moderno e do tecnológico, em contraponto ao "atraso" rural. Um movimento que tem início nas primeiras décadas do século XX e intensifica-se a partir do pós-guerra. Segundo Brian Owensby, novos produtos e novas formas de vender e comprar são inauguradas nesse cenário urbano:

> Antes de 1920, a maior parte dos itens necessários para a casa era trazida à sua porta por fornecedores ou vendedores. Ou o criado se dirigia ao mercado para adquiri-los [...]. A Primeira Guerra Mundial marcou o início da transformação. Em torno de 1920, como a quantidade e a variedade de bens oferecidos para venda aumentou, as mulheres se defrontaram com novas oportunidades e novos dilemas. (Owensby, 1999, p. 119)

Para compreender melhor as transformações ocorridas no ambiente doméstico e, de modo mais específico, na cozinha, este capítulo se propõe a examinar dois exemplos distintos que, de maneiras diversas, transformaram o ato de cozinhar. São eles: a introdução do fogão a gás – um breve enfoque, uma vez que o trabalho desenvolvido por João Máximo da Silva (2002) sobre o impacto do gás e da eletricidade na casa paulistana explora o tema em profundidade – e, de modo mais detalhado, a chegada do alimento industrializado aos lares brasileiros. Para essa análise, escolheu-se o leite condensado produzido pela Nestlé, abordando a história do produto no mundo e no Brasil, bem como os caminhos adotados pela empresa para a sua divulgação no universo culinário brasileiro.

Completam o cenário a introdução dos aparelhos eletrodomésticos (o caso escolhido foi o da empresa Walita), o surgimento dos supermercados nos grandes centros e a atividade de uma geração de mulheres que prestaram serviços para várias empresas de alimentos, a partir dos anos 1960, atuando como culinaristas, assunto que será abordado no próximo capítulo.

❖ The San Paulo Gaz Company e o fogão a gás no Brasil

Para Câmara Cascudo (1983), a primeira cozinheira brasileira foi a cunhã, responsável pela adaptação dos ingredientes e das técnicas culinárias nativas, como a do moquém,[36] para o costume e o gosto europeus. Carlos Lemos classifica a mulher indígena como a "primeira empregada doméstica dos lares brasileiros" (1978, p. 38), além de ter sido "amante, concubina, mulher de verdade, escrava da patroa, mameluca e criada de muita portuguesa orgulhosa da cor" (*ibidem*). Paula Pinto e Silva escreve como seria o "fogão" utilizado pelos exploradores paulistas no período colonial:

> O fogão indígena, denominado "tucuruva", caracterizado pela disposição triangular das três pedras no chão, serviu de base para a cozinha do mameluco paulista em suas caminhadas de exploração e povoamento. Para cozinhar, entretanto, não havia só a panela de barro vermelho como também pequenos alguidares de ferro, carregados ao longo das expedições. (Silva, 2005, p. 73)

Nos primeiros anos do século XIX, John Mawe relata o que seria a vida na cidade de São Paulo e, ao falar da cozinha, diz que ela estava situada nos fundos das casas, embora não mais ao ar livre, como nos primeiros anos da colonização. A área já estaria contida por paredes, muito provavelmente sob a forma de um "puxado" em relação ao corpo central da casa, como sugere Carlos Lemos (1978). A delimitação do ambiente, somada à ausência de um sistema de lareiras ou chaminés, causou estranheza e certa repulsa ao viajante inglês. O relato é o de um local sujo e lamacento, impregnado de fuligem desprendida da queima de madeira verde e com piso desnivelado, onde se formavam poças-d'água. Mawe ainda reforça que essa precariedade não era condição

[36] Para Câmara Cascudo, o moquém foi o responsável pela "insistência do assado" na cozinha brasileira. O costume da carne malpassada e do *roast-beef* já seria então um hábito brasileiro, anterior às influências da cozinha imigrante.

específica da população mais empobrecida, mas também de cozinhas "das pessoas abastadas" (1978, p. 68). Essa cozinha externa e lamacenta era também local de beneficiamento das matérias-primas produzidas localmente ou em regiões próximas. Nesse espaço, o aipim (ou mandioca) se convertia em farinha, a carne suína era cortada, salgada e posta para secar ao sol. Essa cozinha rústica, onde ficava o fogão a lenha, também se transforma a partir do final do século XIX. Ela passa a fazer parte do corpo da casa, e é com a chegada da The San Paulo Gaz Company que o processo de mudanças se intensifica.

Constituída em Londres no ano de 1869, The San Paulo Gaz Company foi autorizada a funcionar a partir do Decreto Imperial nº 5.071, de 1872, inicialmente para prestar serviço de iluminação pública, substituindo os lampiões a óleo. Entretanto, a expectativa de que a eletricidade substituísse os lampiões a gás (processo iniciado em 1930 e concluído em 1936) fez com que, no início do século XX, a empresa passasse a investir no gás para o consumo doméstico – no aquecimento e na cozinha. O evento que marca a inclusão da empresa nesse novo mercado foi a instalação do primeiro fogão a gás no Brasil, em 1901, no Palácio do Governo de São Paulo. O combustível era proveniente do gás de carvão produzido na Casa das Retortas, no bairro do Brás, e distribuído por tubulação (Companhia de Gás de São Paulo, 1995).

Se, por um lado, o fogão a gás acenava com a possibilidade de adequação aos parâmetros higiênicos e de modernidade propagados no início do século XX, por outro, assustava e demandava novos serviços. Os tempos diferentes de cocção, bem como tamanhos e tipos de panelas requeriam uma técnica de preparo para os alimentos bastante diversa da utilizada no fogão a lenha.

Máximo da Silva menciona que, a partir de 1913,[37] a empresa de gás e eletricidade promove uma intensa campanha publicitária em jornais e revistas, cujo objetivo não seria captar consumidores para a

[37] Em 1912, a São Paulo Electric Company, do grupo Light, assume o controle acionário da empresa de gás, formando um grande conglomerado na concessão de gás e luz.

marca, já que a concorrência com modelos similares era inexistente, mas "vencer as resistências às novidades como a eletricidade e o gás" (2002, p. 53). O esforço publicitário também seria realizado para fazer com que o consumidor aderisse à rede de abastecimento de gás, arcando com os custos de instalação de tubulação e medidores, além de ter de desembolsar o valor relativo ao fogão ou aos aquecedores.

No final dos anos 1920, a Companhia do Gás passa a oferecer cursos de culinária em São Paulo e no Rio de Janeiro. Esse modelo de divulgação para os novos equipamentos já havia sido praticado pelo Public Service Eletric na Gas Company, de Nova Jersey, que, em 1917, havia contratado uma "home economist" para desenvolver um programa de educação voltado para donas de casa sobre os benefícios do gás e da eletricidade (*Ibid.*, p. 50). As aulas oferecidas em São Paulo e no Rio de Janeiro eram gratuitas, destinadas às "criadas", que aprendiam a cozinhar nesse novo equipamento, substituindo ou adequando a experiência obtida com o fogão a lenha. Uma matéria publicada no ano de 1932 na *Revista da Light* fornece mais detalhes sobre o curso inaugural da Escola de Cozinheiras, no Rio de Janeiro, estabelecida na rua Teixeira de Freitas, 66, junto à Praça da Bandeira. Esse primeiro curso contou com a presença de 48 alunas e foi chefiado pela diretora da escola, Wilma Kastner. Segundo a matéria, as aulas aconteciam no período da tarde e tinham duração de duas horas e meia. A programação desse módulo inaugural era:

1. Economia da cozinha e gaz, seu manejo.
2. Asseio e ordem.
3. Selecção dos legumes, seu valor nutritivo.
4. Manejo do forno, sua limpeza.
5. Selecção da carne para os diversos alimentos.
6. Assar carne no forno a gaz.
7. Massas e bolos no fogão a gaz.
8. Modo de usar os ingredientes nos alimentos.
9. Selecção dos mariscos e ostras, sua preparação.
10. Conservação dos utensílios da cozinha com ordem e asseio.
11. Sobremesa para as diversas refeições.
12. Tortas e pastéis.

13. Explicações geraes nas aulas sobre o manejo do fogão a gaz nas diversas cozinhas, cocção lenta dos alimentos; como aproveitar melhor as vitaminas que contêm; limpeza da cozinha e dos seus utensílios; asseio da empregada encarregada desses serviços (*Revista da Light*, 1932, p. 17).

Informações sobre o preparo da comida no novo equipamento são associadas a dicas de higiene, economia e valor nutricional dos alimentos. Embora o controle da chama do fogão a gás fosse diferente do sistema do fogão a lenha (no qual discos de ferro se encaixavam sobre a abertura por onde saía o fogo, permitindo certo controle da transmissão de calor à panela), parece ser o forno o local onde as diferenças eram mais significativas. E elas iam desde a maneira de acender até a técnica de assar bolos e carnes, passando ainda pelo modo correto de fazer a limpeza. Se por um lado a Companhia do Gás buscava ferramentas para vender o conceito do novo artefato de cozinha, como as aulas de culinária, e os anúncios veiculassem a ideia de uma "cozinha moderna", por outro, não deixam de encontrar resistência por parte da população. Nesse aspecto, uma matéria publicada no *Jornal do Commercio* no ano de 1932 é bastante esclarecedora (grifos meus):

> [...] Quando dizemos "arte de cozinhar" não queremos referir-nos exclusivamente a **technica da culinária, que diz respeito directamente as cozinheiras e não as donas de casa**. Queremos, sim, evocar um certo número de pequenas providencias sem as quaes seria impossível ter em boas condições em casa um fogão a gaz. É claro que toda gente que dispõe de recursos (mesmo modestos) pode possuir um fogão a gaz, mas o que nem toda gente sabe é manter esse fogão a gaz de maneira a lhe dar o mínimo de despesa e trabalho. Além das medidas de aceio e conservação indispensáveis a qualquer apparelho de uso diário **o fogão necessita de cuidados especiais que decorrem da própria natureza do seu funcionamento**.
>
> É preciso vigiar que não ocorram certos descuidos cujas consequências se reflectem, de maneira desagradável para o consumidor, na conta que no fim do mez a Companhia lhe apresenta. Muita vez ao receber a conta, a dona de casa pergunta a si mesma, intrigada, por que neste mez, com os hábitos apparentemente regulares, a sua despesa de

gás foi 20% ou 30% maior que no mez anterior. **Por um phenomeno muito commum em psycologia a dona de casa é levada, nesse momento, a attribuir a enganos da Companhia o excesso de quantum que está verificado**. Entretanto, antes de attribuir a algum engano da Companhia o excesso de sua despesa de gaz a dona de casa escrupulosa pode e deve se fazer a si mesma um severo interrogatório. Varias são as causas que podem determinar o augmento do consumo de gaz. Exemplifiquemos:
- A conta em questão corresponde ao mesmo período de tempo da anterior, ou será maior de 30 dias (ver, nesse caso, com cuidado, a data da mesma),
- Não terá augmentado, durante o mez findo, o número de visitas recebidas pela família?
- **Não terão as empregadas usado maior quantidade de gaz do que a necessaria?** (este ponto é dos mais interessantes e urge ser pesquisado devidamente, dada a freqüência com que pode ocorrer o caso). ("A arte de cozinhar", 1932.)

O texto é longo, e as possíveis causas para uma conta alta são listadas uma a uma (aqui foram enumerados apenas os três primeiros de um total de nove itens, todos sob a forma de perguntas). Os grifos na transcrição da matéria destacam os aspectos que interessam ao tema deste livro, e o primeiro a chamar a atenção é a preocupação em estabelecer, logo de início, a diferenciação entre a cozinheira, serviçal cujo interesse ficaria restrito às "technicas da culinária", e a dona de casa, destinatária final da mensagem desenvolvida pela Companhia do Gás, cuja função doméstica seria de cunho administrativo. Fica claro que o ato de preparar o alimento diário à beira do fogão, mesmo sendo ele um "moderno equipamento a gás", não era digno de pessoas com maior poder aquisitivo ou prestígio social. Esse seria um assunto para "cozinheiras", geralmente mulheres negras ou pardas, livres e empobrecidas, que chegavam à cidade em busca de oportunidades e que acabavam se ocupando dos serviços domésticos. Para elas ainda não havia lugar nesse novo cenário urbano – nas fábricas, os homens brancos, imigrantes ou descendentes de imigrantes eram a maioria.

Jorge Americano conta um pouco do perfil da criada doméstica que vivia em São Paulo no início de século XX, evocando suas memórias de infância:

> [...] ganhava em média 40 mil réis/mês, pagava cerca de 10 mil réis em um quarto, tinha cinco ou seis filhos, trabalhava de domingo a domingo preparando todas as refeições, do café da manhã ao jantar. Ela comia a mesma comida dos patrões, exceção feita às sobremesas – a ela, cabiam as bananas e, aos domingos, a marmelada [novamente o traço de diferenciação através do doce. A fruta acrescida de açúcar e transformada em compotas era destinada aos "senhores"]. Ganhava roupas velhas, podia levar restos de comida para a casa e, se tinha marido, ele geralmente não trabalhava. As que não tinham marido por vezes conseguiam economizar para comprar um terreninho na Lapa. (Americano, 2004, p. 74)

Uma visão um tanto estereotipada, mas esse mesmo estereótipo ainda permanece em nossos dias.

A outra categoria feminina presente na matéria do jornal, a "dona de casa", seria a de mulheres casadas, que contavam com recursos suficientes para manter criadas e que deveriam se ocupar com a manutenção do lar. Novamente é Jorge Americano quem lança uma provável luz sobre a rotina de vida dessa outra mulher, ao descrever suas atribuições na época:

> [...] providenciar a roupa da família, fiscalizar a limpeza da casa, tomar as lições das crianças, ver se escovaram os dentes, se as unhas estão limpas, se o cabelo está penteado, ver se a criada engraxou os sapatos da véspera, preparar a latinha do lanche, providenciar para que o almoço saia na hora, cuidar dos doces, das sobremesas. (*Ibid.*, p. 64)

A dona de casa não se ocupava da cozinha diária, da obrigação de repetir as mesmas tarefas dia após dia. Seu papel seria o de gerenciamento e, no tocante à culinária, o de preparar os doces e as sobremesas, tal como se fazia nos séculos XVIII e XIX.

Feita essa distinção, o artigo segue evocando a natureza diversa do fogão a gás, estabelecendo um divisor de águas entre o *modus operandi* do equipamento moderno, cujo funcionamento e lógica deveriam ser apreendidos pela gerenciadora do lar, e o fogão a lenha, artefato rústico cujo manejo era efetuado por cozinheiras iletradas. Nesse sentido, a estratégia de comunicação desenvolvida pela Companhia do Gás foi muito enfática. Segundo Máximo da Silva, para transformar a dona de casa em consumidora, a solução encontrada pela empresa foi a de identificar "o gás e a eletricidade com as transformações em curso nas principais cidades brasileiras, desprestigiando a antiga cozinha e também a experiência das antigas cozinheiras" (Silva, 2002, p. 59).

O conflito estabelecido parece bastante claro, muito embora ele venha camuflado sob o título "A arte de cozinhar" dado à matéria. O objetivo da Companhia do Gás seria ensinar à dona de casa essa outra natureza do equipamento, procurando afastar a ideia de que poderia haver abuso nas contas de gás emitidas pela empresa. Sem dúvida, existiam problemas gerados por uma conta dimensionada pelo próprio fornecedor do serviço, processo absolutamente novo na rotina e na administração doméstica. O gasto previsto com a lenha obedecia a uma lógica completamente diferente, como rememora Jorge Americano – "o lenheiro vendia seu produto nas portas das casas, e a quantidade adquirida geralmente bastava para o consumo de uma semana" (2004, p. 107). O sistema adotado pela Companhia do Gás, além de novo, era mais abstrato, na medida em que não permitia a visualização do gás consumido, o que causava desconfiança por parte da população. Mesmo considerando que o entendimento do funcionamento do fogão a gás caberia à dona de casa, pessoa mais esclarecida, a matéria ressalta que também ela poderia incorrer em erros de avaliação, e atribui esses equívocos a um "phenomeno muito commum em psycologia" ("A arte de cozinhar", 1932), sem dizer exatamente qual seria o fenômeno. Recorre-se à "ciência" para justificar as tensões e desconfianças geradas pelo novo modelo de operações. Listam-se explicações para um aumento no valor da fatura, como as datas de fechamento do consumo nem sempre coincidentes com a data imaginada pela dona de casa ou o aumento do uso do gás em si. Mas, em seguida, a "culpa" por prováveis aumentos na conta recai sobre a empregada, a cozinheira analfabeta, que, por não compreender a outra natureza do equipamento que tem em mãos, usa-o de modo equivocado, causando desperdícios.

A imagem de um *stand* da Companhia de Gás de São Paulo utilizado como publicidade na década de 1920 traz uma mucama ao pé do fogão, associando a figura da "cozinheira de mão cheia" ao aparelho moderno, talvez na tentativa de mostrar que, nesse período de transição, o antigo poderia conviver com o novo, desde que feitos os devidos ajustes. Ajustes que também se expressam na atmosfera de limpeza e assepsia – não há panelas fumegando, apenas ordem em um ambiente tranquilo e organizado. Em uma outra publicidade, exposta no Cine Odeon em 1937, a Companhia do Gás mostrava a extensão da linha de produtos oferecidos: fogões de diversos tamanhos e formatos, além de aquecedores domésticos. Vale lembrar que os fogões a gás só existiam nas casas das cidades grandes, como Rio de Janeiro e São Paulo. Mesmo em outras capitais, como Vitória, até o final da década de 1950 os aparelhos eram raros, inclusive pela dificuldade de entregar botijões nas casas e instalá-los com segurança.

Figura 3.1. Publicidade da Companhia de Gás de São Paulo da década de 1920: a "cozinheira de mão cheia" em harmonia com a modernidade proporcionada pelo fogão a gás. Fonte: Acervo Fundação Energia e Saneamento.

Embora os esforços de divulgação dos benefícios do fogão a gás fossem grandes, ele permaneceu por várias décadas disputando espaço com os modelos a lenha e a carvão. Além do alto valor de desembolso para aquisição e manutenção do aparelho, havia o risco de acidentes e explosões. Tanto é que, já na década de 1950, a publicidade nos grandes veículos de comunicação ainda reforça o aspecto da segurança e da higiene que os fogões ofereciam, sugerindo que seu uso ainda não estava definitivamente estabelecido. Um exemplo é o anúncio veiculado no jornal *O Estado de S. Paulo* no dia 14 de fevereiro de 1952 pela The San Paulo Gaz Company:

> Já pensou no conforto que o uso do gaz poderá proporcionar-lhe?
> O fogão a gaz é mais seguro, mais ligeiro, mais fresco mais limpo e pode ser mais econômico do que qualquer outro fogão.
> Vendemos fogões e aquecedores a gaz em prestações mensaes módicas. Serviço de conservação efficiente e gratuito. (Fundação Patrimônio Histórico da Energia e Saneamento, 1952)

Muito provavelmente, o fogão a gás foi o primeiro equipamento a mudar de modo mais significativo o ambiente da cozinha e a rotina doméstica. A redução no tempo gasto não só para cozinhar, mas, sobretudo, para obter a chama, dispensando a compra, o armazenamento e a queima da lenha, trouxe uma nova dinâmica ao preparo da comida. A geladeira elétrica, que chega ao Brasil algumas décadas depois, substituindo as caixas de madeira e os modelos a gás, importados, também altera profundamente essa dinâmica. Ao mesmo tempo que esses dois eletrodomésticos são introduzidos nas cozinhas urbanas, observa-se o estabelecimento de empresas que intensificam e reformulam a maneira de cozinhar e de consumir os alimentos.

O impacto da oferta dos alimentos industrializados se faz sentir mais nitidamente a partir da segunda metade do século XX, quando são oferecidos em lojas de autosserviços denominadas "peg-pag", que, pouco a pouco, reduzem a importância das quitandas e mercearias de bairro com seus produtos frescos ou salgados. Surgem, então, novas demandas – não basta mais dominar a chama azulada do fogão a gás e o tempo de cozimento em panelas de alumínio. A nova maneira de cozinhar se completa com o uso de produtos desenvolvidos sob o apelo da assepsia em seus métodos de produção.

A seguir, será exemplificado o papel que a indústria de alimentos exerceu nesse momento de expansão da cidade de São Paulo, fazendo a transição de hábitos rurais para condutas tipicamente urbanas, tomando-se como exemplo a companhia Nestlé Ltda., com o produto leite condensado marca Moça, que será referido como popularmente é conhecido: Leite Moça.

A Nestlé e o Leite Moça

O leite condensado foi escolhido para exemplificar o impacto dos produtos industrializados na cozinha brasileira (sobretudo no que se refere ao preparo de diversos tipos de doce) devido à própria trajetória desse item no Brasil. Inicialmente desenvolvido para ser um sucedâneo do leite fresco, combatendo a fragilidade de conservação do alimento *in natura*, ele adquiriu outro caminho a partir do final da década de 1950. Enquanto em outros países do mundo a Nestlé via as vendas despencarem, inclusive perdendo espaço para outros produtos fabricados pela empresa – como a linha de leites em pó e o leite evaporado Ideal, sem adição de açúcar –, no Brasil as vendas cresceram em ritmo acelerado. De alternativa ao leite fresco nos momentos de escassez e de produto voltado para a alimentação infantil, o Leite Moça é alçado à categoria de "ingrediente culinário".

De certa forma, a combinação entre açúcar e leite concentrado, a textura encorpada, o próprio sabor do produto, "doce como brasileiro gosta", e o fato de a lata ocupar pouco espaço nas despensas domésticas criaram um caminho culinário alternativo. Várias gerações de mulheres aprenderam a fazer doces utilizando o produto, assimilando uma nova maneira de preparo por meio de cursos de culinária e receitas divulgadas em rótulos, revistas, folhetos impressos pela própria Nestlé e, já no final do século XX, da internet. A evolução do Leite Moça no Brasil é um *case* de *marketing* dentro da própria empresa: para entender melhor como se deu essa evolução, será retomada um pouco da história do produto no mundo e, adiante, no Brasil.

O leite condensado no mundo

A origem do leite condensado guarda estreita relação com uma questão central na história humana – a busca pela conservação e preservação dos alimentos. Salgar, defumar, manter na gordura, no ácido, na calda de açúcar e no gelo foram algumas das técnicas desenvolvidas ao longo do tempo para prorrogar a vida útil de grãos, carnes e frutas. Parte dessas técnicas acabou se confundindo com os próprios procedimentos culinários, como é o caso do confit e do escabeche, que ultrapassaram o limite de conservação na gordura e no ácido, respectivamente, para tornarem-se iguarias. Contudo, o desenvolvimento de técnicas capazes de conservar alimentos e ingredientes em uma escala maior e mais eficiente do que as técnicas artesanais ocorre nas décadas finais do século XVIII, muito em função do adensamento populacional das cidades europeias no período da Revolução Industrial. A situação de penúria e privação da classe trabalhadora na Inglaterra, descrita por Engels em 1845, enfatiza que a maneira tradicional de cultivo, produção e distribuição de alimentos não poderia atender à nova demanda das cidades.[38]

Segundo Giorgio Pedrocco (*apud* Flandrin & Montanari, 1998), é nesse ambiente e período que surgem os estudos sobre a "corrupção" dos corpos e que se intensifica a busca por novas técnicas de produção e conservação de alimentos em escala industrial. O cientista francês Denis Papin realiza experimentos cozinhando e mantendo alimentos em recipientes hermeticamente fechados. Entretanto, os créditos da descoberta sobre a atuação positiva do calor na destruição dos "fermentos" presentes em substâncias animais e vegetais são atribuídos ao confeiteiro francês

[38] As péssimas condições de vida da população operária estão minuciosamente descritas no capítulo "As grandes cidades", em Friendrich Engels, *A situação da classe trabalhadora na Inglaterra* (São Paulo: Boitempo, 2008).

Nicolas Appert, que realiza experiências por volta de 1780, antecipando, em parte, as descobertas de Pasteur. Em 1804, Appert instala em Massy, na França, uma fábrica de conservas – pedaços de carne com o suco do seu cozimento eram acondicionados em latas feitas de folhas de flandres. Depois de hermeticamente fechadas e soldadas, as latas eram fervidas em enormes caldeirões e mantidas em observação por alguns dias, a 30 °C. Caso não houvesse dilatação, eram destinadas ao comércio.

No âmbito específico do leite, Giorgio Pedrocco afirma que, por volta de 1827, já havia um mercado internacional que consumia o leite condensado, produzido por um sistema aperfeiçoado pelo inventor francês Malbec, também em 1827. Mas o grande salto qualitativo parece ocorrer com os estudos de Louis Pasteur, em 1857, sobre a fermentação láctea e a esterilização de líquidos. A busca por soluções obtidas à luz das ciências continua na ordem do dia, e não é por acaso que, concomitantemente às descobertas de Pasteur, são dados os primeiros passos para a transformação do leite perecível em alimento de longa durabilidade, cujo marco é a primeira patente de leite seco, registrada na Inglaterra em 1855 (Livro do Leite Moça, 1966).

O domínio dessas técnicas foi fundamental para o surgimento do leite condensado, que curiosamente ganha viabilidade econômica com uma atividade custosa ao ser humano – a guerra. Segundo Henrique Soares Carneiro, a guerra é um dos fatores que desencadeiam alterações significativas no padrão alimentar das populações, "não só por provocar carências e fomes, como por promover mudanças de hábitos e adoção de novos tipos de alimentos, muitos ligados diretamente à ração dos soldados" (2003, p. 101). E assim foi com o leite condensado: um ano após o surgimento da patente inglesa de leite seco, o norte-americano Gail Borden registra sua fórmula de leite condensado. Nela, a conservação do leite evaporado é potencializada pela adição de açúcar. O sucesso de sua criação seria reconhecido a partir de 1861, durante a Guerra de Secessão,[39] evento que gerou uma demanda cres-

[39] Aqui no Brasil, durante a Revolução Constitucionalista de 1932, foi produzida uma tiragem especial de Leite Moça para ser distribuída aos soldados no *front* justamente pela durabilidade e facilidade de reconstituição do produto.

cente por alimentos nutritivos, energéticos e que pudessem ser facilmente transportados até as trincheiras. Da América do Norte, o leite condensado adoçado chega à Europa pelas mãos dos irmãos norte-americanos Charles e George Page (Heer, 1991). Charles era cônsul dos Estados Unidos em Zurique e George, funcionário do Ministério da Guerra em Washington, nos Estados Unidos. Entendendo que a Suíça, reconhecida pela excelência de seu leite, poderia oferecer as condições ideais para o desenvolvimento da indústria do leite condensado, em agosto de 1866 os irmãos constituem uma sociedade anônima, com um capital de 100 mil francos, dividido em ações de 200 francos. Surge, então, a Anglo-Swiss Condensed Milk Company, na cidade de Cham, na Suíça, destinada à fabricação do produto. O leite condensado produzido era designado pela expressão La laitière ("A leiteira") e identificado pelo desenho de uma jovem carregando dois baldes de leite – ainda hoje a logomarca do Leite Moça.

Seis meses após o surgimento da Anglo-Swiss Condensed Milk Company, no mesmo ano e país, Henri Nestlé, químico alemão residente em Vevey, na Suíça, lançava no mercado a farinha láctea,[40] elaborada com cereais, leite desidratado e destinada à alimentação infantil. Para identificar a invenção, utiliza o brasão de sua família, um ninho, estampado no produto. Ao que tudo indica, a produção da farinha láctea de Henri Nestlé ia bem – em 1873, foram vendidas meio milhão de latas do produto. O empreendimento do químico que soube identificar uma oportunidade de vida naquele momento de grande demanda urbana por alimentos tornou-se um negócio rentável e também difícil de ser gerido por um único empreendedor sem herdeiros. No ano de 1875, nove anos após abrir sua primeira fábrica, Henri Nestlé vende a empresa por um milhão de francos suíços. Os compradores – Jules Monnerat, Pierre-Samuel Roussy e Gustave Marquis – constituem uma sociedade sob o nome Farinha Láctea Henri Nestlé, mantendo o nome e sua tradução simbólica, o ninho. A Nestlé, sob esse novo comando societário,

[40] Ao contrário do que possa parecer atualmente, Henry Nestlé nunca chegou a produzir leite condensado ou qualquer outro produto hoje existente no portfólio Nestlé que não fosse a farinha láctea.

só passa a produzir o leite condensado em 1878, ano em que a Anglo--Swiss Condensed Milk Company começa a produzir a farinha láctea, abrindo uma forte disputa de mercados. Inicia-se uma guerra comercial entre as duas empresas, que resultaria na fusão de ambas em 1905. Surge, então, a Nestlé and Anglo-Swiss Condensed Milk Company. A nova sociedade foi entregue a um conselho de administração composto por dez membros, cinco nomeados pela antiga sociedade de Cham e cinco pela de Vevey.

Cabe ressaltar, entretanto, que alguns anos antes de acontecer a fusão com a Anglo-Swiss, a política de expansão das unidades fabris da Nestlé em outros países seguia acompanhando o desenvolvimento industrial europeu (Nestlé na virada do século, 1999).

O fato de as fábricas possuírem capacidade produtiva superior à oferta de matéria-prima produzida na Suíça, somado à pressão exercida pelos produtores de manteiga, que reclamavam do monopólio na compra do leite, bem como a difusão da política protecionista entre os países capitalistas, que aumentaram suas tarifas alfandegárias significativamente, impulsionaram a implantação de fábricas pela Europa e Estados Unidos entre 1880 e 1905. Em 1898, foi construída a primeira fábrica na Noruega; em 1900, nos Estados Unidos; em 1901, na Inglaterra; em 1903, na Alemanha; e em 1905, na Espanha.

O leite condensado no Brasil e a fábrica de Louis Nougués

Jorge Americano resgata, em suas memórias, o tempo em que ambulantes percorriam as ruas oferecendo leite fresco na cidade de São Paulo:

> Às 6 horas da manhã, bateu à porta seu José Leiteiro. Trazia às costas a lata de leite das vacas do estábulo, um funil e uma colher redonda, para tirar da lata e despejar na garrafa em que o freguês trouxesse. Vinham também duas vacas e dois bezerros. Narcisa trouxe de dentro o copo de vidro graduado e o caldeirão. Seu José fez o bezerro chupar a teta da vaca e se pôs a mondá-lo, jorrando o leite no copo graduado.

> Encheu um litro e despejou no caldeirão. Jorrou mais meio litro no copo, que Narcisa despejou no caldeirão, disse até amanhã e foi fazer ferver. (Americano, 2004, p. 103)

Nessa mesma época, contrastando com o leite *in natura* vendido de porta em porta, surge o leite condensado importado. Os primeiros carregamentos chegaram ao Brasil por volta de 1890,[41] com a farinha láctea. Essa nova categoria de leite tinha sua imagem associada à qualidade superior do leite suíço e ao padrão de higiene rigoroso, livre de contaminações. Seus principais atrativos residiam no processo de condensação a vácuo, que garantia um longo período de armazenamento em temperatura ambiente, característica fundamental em períodos de entressafra (e de ausência de refrigeradores), e na preservação das vitaminas e propriedades nutritivas naturais do leite fresco.

O momento da economia brasileira é o da expansão cafeeira e de demanda por força de trabalho, fatos que impulsionam a imigração europeia. São várias as histórias de imigrantes que tentam a sorte em São Paulo nesse período, e a trajetória do francês Luiz Nougués, que era matemático, engenheiro agrônomo e também poliglota, se inclui nesse contingente de vivências que reforça a perspectiva do sucesso imigrante. Em 1908, aos 30 anos de idade, Luiz Nougués fixa residência no interior de São Paulo, na cidade de Araras, e passa a exercer seu ofício de agrônomo, lecionando na Escola de Trabalhadores Rurais da cidade (Matthiesen, 2003). O saber técnico, o relacionamento estabelecido com os produtores locais, a percepção e o conhecimento do mercado europeu, em que o conceito do produto já havia se firmado, acabam convergindo para um empreendimento maior. E quatro anos após sua chegada ao Brasil, em 1912, ele se associa a três fazendeiros da região – Lacerda Queiróz, João Soares do Amaral e Mario Soares – para fundar a Companhia Ararense de Leiteria. No primeiro ano de

[41] O produto importado nessa década era o produzido pela empresa formada por Jules Monnerat, Pierre-Samuel Roussy e Gustave Marquis e utilizava o nome e o logotipo de H. Nestlé, antes da fusão com a Anglo-Swiss. Contudo, durante a pesquisa para elaboração deste livro não encontramos uma imagem referente a esse produto em específico. O nome adotado não foi o original La Laitière. Optou-se pela denominação em inglês, Milkmaid.

atividades, a empresa trabalha apenas com o leite fresco, mas, no ano seguinte, passa a produzir também o leite condensado (Folheto VII Salão Ararense de Artes Plásticas, s/d). O local escolhido para a instalação foi estratégico, bem ao lado da estação ferroviária de Araras, onde os trens descarregavam, com facilidade, o leite coletado nas dezenas de fazendas da região.

A vida dessa nova companhia, entretanto, não é longa: em 1921, pela quantia de 1.200 contos de réis, a Nestlé compra a fábrica de Louis Nougués e seus sócios, dando continuidade à política de expansão intercontinental. Para adequar a fábrica aos padrões internacionais, a Nestlé traz para a cidade de Araras o suíço Rudolph Streit, que, além de iniciar a fabricação do leite condensado Milkmaid com matéria-prima brasileira, implanta, anos mais tarde, outras fábricas da Nestlé nas cidades de Barra Mansa, Araraquara e Porto Ferreira. De Louis Nougués, sabe-se que transferiu residência para São Paulo e faleceu em 1961 (Matthiesen, 2003).

Não há registros no acervo da Nestlé sobre as características ou embalagem do leite condensado fabricado por Luiz Nougués e seus associados. Entretanto, o mercado de leite condensado no Brasil não devia se restringir ao produto importado pela Nestlé ou pela Companhia Ararense de Leiteria. Anúncios em jornais e revistas da época deixam entrever a presença de conflitos e uma disputa de mercado acirrada. Provavelmente, havia uma similaridade intencional na comunicação visual dos produtos então distribuídos pela concorrência, visando aproveitar a imagem de marca positiva que o produto Nestlé já gozava no mercado brasileiro (figuras 3.2 e 3.3). Durante essa fase de importação do leite condensado Milkmaid, até meados dos anos 1930, o esforço parece se concentrar na fidelização à marca original (figuras 3.4 e 3.5).

Figura 3.2. Anúncio veiculado no jornal *O Imparcial*, em agosto de 1912.

Figura 3.3. Matéria publicada no *Diário de Pernambuco*, em 1935. O trecho em destaque afirma: "Segurança... Nem sempre há lógica nos actos de certas pessoas. Guardam, com grandes precauções, documentos e papeis e, no entanto, deixam a saúde, que afinal é a única riqueza, exposta aos maiores perigos. Um leite de qualidade duvidosa pode ser a causa de graves transtornos intestinaes. Não arrisque a saúde de seu filhinho. Dê-lhe um leite cuja qualidade seja garantida. O leite 'Moça', sempre puro e bom, deve ser o preferido. LEITE CONDENSADO MARCA MOÇA".

Figura 3.4. Folhinha de 1916 (material promocional destinado aos clientes Nestlé).

Figura 3.5. Folhinha de 1920. A cozinha sugerida na imagem já é a "idealizada": um local limpo e ordenado, com panelas cuidadosamente expostas. Nela, está uma mulher de traços europeus, semelhante inclusive à *lechera* da embalagem. Embora o posicionamento do produto fosse a reconstituição do leite, alguns materiais fazem menção ao uso culinário – o produto era acrescido às receitas em pequenas porções: 3, 4 ou 5 colheres de sopa dissolvidas em água. Note-se a tentativa de trazer o produto para a realidade brasileira: ao lado de farinhas visivelmente identificadas com a culinária norte-americana (*corn flour*, *rice*), encontra-se a referência à tapioca e ao sagu.

Do Milkmaid ao Leite Moça: a "evolução" da logomarca

Após a aquisição da fábrica em Araras, em 1921, começa de modo mais incisivo a consolidação do produto produzido pela Nestlé no mercado brasileiro. Até então tanto o nome quanto as informações de embalagem vinham escritos em inglês. O posicionamento principal para o uso do produto era sua diluição em água, um sucedâneo com apelo de qualidade e valor nutritivo superior ao leite fresco, sobretudo para as crianças. Essa estratégia perdura até meados de 1950, quando a puericultura passa a rever a função do leite na dieta infantil e quando a própria Nestlé, acompanhando a nova conduta médica, passa a oferecer uma linha diversificada de leites em pó, "canibalizando" o uso do Leite Moça.

A comunicação visual via rótulo (figura 3.6) parecia estabelecer três abordagens principais: no painel principal frontal, o foco recai sobre a identidade do produto, com destaque para o nome Milkmaid. Em igual peso, estão distribuídas as medalhas de premiação do produto (Feira de Paris, em 1867) e a imagem da *lechera*, avalizando e conferindo credibilidade ao conteúdo da lata. Por fim, com uma força menor, a identificação do fabricante – *A Nestlé Product* ("Um produto Nestlé"). Note-se que, nessa época, ainda não estão presentes o logotipo do ninho e tampouco o nome ou a marca Moça. No painel posterior, há uma tabela com as indicações de diluição para o preparo de mamadeiras. No espaço entre as duas informações principais, o rótulo propõe um texto explicativo, que sofre poucas modificações ao longo dos anos, mas que sempre privilegia o aspecto de qualidade superior do leite. Esse *layout* prevalece até o final dos anos 1950, quando o produto é reposicionado para o uso culinário.

Figura 3.6. Reprodução do rótulo do Milkmaid, de 1921.

O nome e a identidade de marca não se estabeleceram facilmente. O produto chega ao Brasil com o nome inglês Milkmaid, versão para o termo original La Laitière, personagem presente no ambiente rural europeu e absolutamente desconhecida no Brasil, pelo menos nos moldes em que era apresentada. A dificuldade para pronunciar o nome em inglês associada à ilustração da camponesa estampada no rótulo fez com que ele fosse chamado, informalmente, como o "leite da moça", termo que acabou por tornar-se a marca oficial. Esse trajeto rumo à identidade definitiva pode ser observado na evolução dos rótulos ao longo do tempo, que ora dão ênfase ao nome Milkmaid, ora ao termo "leite condensado". O curioso é notar que os anúncios veiculados em jornais e revistas já haviam incorporado o termo "Moça" antes mesmo que ele fosse adotado nos rótulos para dar origem à marca (figura 3.7), sinalizando ser essa uma denominação já utilizada pelas pessoas de modo informal. O caráter de universalidade, o reforço para a liderança de mercado e a premiação na feira de Paris são características que vêm ao encontro dos anseios da elite urbana no Brasil, que buscava distanciar-se dos valores rurais para se alinhar aos ideais da modernidade europeia.

Entre os anos de 1930 e 1956, as palavras "Marca Moça" começam a ser incorporadas ao rótulo do produto, e, a partir daí, o nome trilha a sua trajetória de marca forte, diferenciando-se dentre os demais produtos produzidos pela própria Nestlé e também pela concorrência. A partir de 1956, o termo "Moça" passa a figurar sozinho, ocupando posição de destaque nos rótulos, sem o apoio da palavra "marca". Segundo Isleide Fontenelle, o espaço ocupado pela marca de um produto já era central

Figura 3.7. Anúncio da revista *Fon-Fon*, ano XI, nº 42, 20 de outubro de 1917.

durante o fordismo,[42] especialmente no setor de serviços. Contudo, o fortalecimento das marcas ocorre de modo mais acentuado entre as

[42] O modelo de produção em massa concebido pelo empresário norte-americano Henry Ford (1863-1947), fundador da Ford Motor Company, que introduziu a linha de montagem automatizada.

décadas de 1950 e 1960, com o uso da televisão como ferramenta de publicidade e também como resposta à concorrência criada em função dos ganhos de produtividade decorrentes da fabricação de produtos em série que, em última análise, seria o processo da aceleração capitalista. De acordo com Fontenelle, a marca passou a ter, então, uma importância crucial: "Ela entra com a força de um padrão sedimentado no mercado, garantindo uma 'segurança' ao consumidor que experimenta as novidades e permitindo, com isso, a venda e a difusão mais rápida dos novos produtos" (2002, p. 158).

Se por um lado a marca Moça não enfrentou esse acirramento de competitividade no Brasil – a Mococa só passa a produzir o produto em 1975; a marca Glória, em 1997; e a Itambé, em 1999 –,[43] por outro, ela enfrentava a concorrência direta do leite materno, do leite *in natura* e, algumas décadas depois, do próprio leite em pó produzido pela empresa.

O crescimento e a importância da marca Moça podem ser observados no maior destaque dado ao nome após a década de 1970, quando o leite condensado Mococa entra no mercado. Nos anos 1970, a grafia da categoria (leite condensado) perde peso na comunicação do rótulo para o termo Moça, que, por sua vez, fica mais próximo ao nome do fabricante, Nestlé.

Comparando os rótulos a partir de 1937 (figura 3.8), fica clara a consolidação e a importância que o termo "Moça" adquire, caso isolado na história do produto nos demais mercados do mundo.

Já na década de 1930, a companhia implementa estratégias claras voltadas para a consolidação da imagem de qualidade e confiança no produto. Nesse primeiro momento, o foco é a alimentação infantil, já que o uso para os momentos de escassez não garante venda regular ao longo do ano. Busca-se, então, formar vínculos de confiança por meio do aval dos profissionais de saúde.

[43] Informações colhidas no Serviço de Atendimento ao Consumidor Parmalat, empresa detentora da marca Glória, e também nos *sites* oficiais das empresas.

1937

1940

1950

1956

1967

1972

1986

Figura 3.8. Rótulos da lata de leite condensado Moça de 1937 a 1986. À medida que o termo Moça ganha força (e espaço no rótulo), ele vai se aproximando espacialmente do nome do fabricante, beneficiando-se da imagem da marca positiva e valorizada que a Nestlé adquiriu no mercado.

Para a consolidação desse uso, investe-se na visitação, no fornecimento de material informativo e em amostras do produto para médicos pediatras, em uma atuação análoga ao que hoje ocorre com a indústria farmacêutica. Um dos vários brindes promocionais e materiais entregues aos médicos era uma agenda de mesa para a marcação das consultas, com páginas entremeadas de informações sobre os produtos Nestlé. De um exemplar desses, do ano de 1939, foram colhidas as seguintes informações sobre o Leite Moça:

> Trata-se de leite fresco, de vacca, da melhor qualidade. A producção, a ordenha, a collecta e o transporte até a fabrica são realizados sob o mais rigoroso dos controles. O exame do conteúdo de cada latão é immediatamente feito na sua chegada á fabrica. Determinação da composição, pasteurização, addição de xarope de assucar esterilizado, concentração ao vácuo por ebulição a 50-60 °C apenas, o que elimina a maior parte da água, respeitando as propriedades biochimicas (vitaminas A, B, C e D) do leite fresco – eis os principaes processos por que passa o leite fresco para se obter o LEITE CONDENSADO MARCA "MOÇA", em ambientes sumettidos ás mais estrictas observações hygienicas, com machinario e vasilhame diariamente limpos e esterilizados. As latas, fabricadas em nossas fabricas, são cheias automaticamente, depois de terem sido esterilizadas a 300 °C. (Diário, 1939, pp. 250-252)

No final da página, tem-se ainda o testemunhal de um médico que reforça o uso do produto na dieta infantil.

> **Uma Valiosa Opinião do Dr. Orlindo Chiaffarelli:**
> Sou de opinião que o Leite Condensado Marca Moça, producto da Nestlé, é, de accôrdo com a sua composição actual e seu novo acondicionamento, um optimo alimento para os lactentes de todas as idades. A combinação de seus vários elementos corresponde a todas as exigências do organismo do lactente, sendo rigorosamente scientifica. O novo methodo de fabricação permitte que o Leite Condensado conserve consideravel quantidade de Vitamina C. A matéria prima que serve para o seu preparo deve ser classificada, considerando os exames rigorosos pelos quaes passa antes de ser empregada, como a melhor que existe no mercado.

> Sua conservação é perfeita e livre de ulterior contaminação. Offerece todas as vantagens do leite de vacca fresco sem ter nenhum dos seus múltiplos e perigosos inconvenientes. Em todos os lugares onde é difficil encontrar-se leite de vacca, cru, examinado e certificado, devemos dar preferência ao Leite Moça.
> O seu preço é mínimo, estando ao alcance do mais pobre. Mesmo em péssimas condições hygienicas do ambiente, o Leite Condensado Marca Moça conserva a sua esterilidade imperturbável. É o alimento ideal para o povo. Não hesito em recommendal-o, tendo-o empregado em todos os casos indicados com optimos resultados. (*Ibidem*)

Deslocar essa orientação para a discussão atual em torno do aleitamento materno ou para questões nutricionais, comparando-se os níveis de proteínas, gordura e carboidratos do produto com o leite *in natura* seria um erro: a crença no produto moderno, seguro e asséptico estava em perfeita concordância com a mentalidade da época. Entretanto, o dado não incluído nesse discurso de higiene e segurança alimentar era justamente a qualidade da água empregada na diluição do produto (e como o próprio "depoimento médico" indica, o Leite Moça deveria ser recomendado até para os mais pobres, por possuir "preço mínimo"). A indicação de rótulo para que a água utilizada fosse fervida era absolutamente insuficiente para um país cuja rede de esgoto e saneamento atingia uma parcela mínima da população. Cabe também lembrar que o produto era importado desde 1890; as informações de preparo vinham em inglês, destinadas a uma população com apenas 14,8% de pessoas alfabetizadas.[44] Como assimilar as indicações de preparo? Quem efetivamente se ocupava em preparar as mamadeiras no ambiente doméstico? Parece claro que a cidade, bem como a mentalidade e os costumes da população de São Paulo em 1890, não tenham permanecido iguais aos das pessoas na década de 1930. Entretanto, um outro tempo merece ser levado em conta: o tempo da assimilação de uso, o tempo necessário para aprender a preparar de determinada maneira a mamadeira oferecida à criança. Dezenas de anos de gestos

[44] Dados e comentários sobre a população brasileira no século XIX são encontrados no livro de Hélio de Seixas Guimarães, *Os leitores de Machado de Assis* (São Paulo: Nankin Editorial/Edusp, 2004).

repetidos da mesma maneira não são mudados rapidamente, mesmo com o esforço de orientação médica, que vem de um ideal teórico para tentar modificar a prática doméstica. Muito provavelmente, o modo de utilizar o produto manteve-se dentro dos parâmetros já estabelecidos no começo do século, mas, mesmo com os problemas que a água de má qualidade poderia acarretar, o Leite Moça efetivou-se, na primeira metade do século XX, com uma imagem de marca positiva no mercado, passando a fazer parte do universo doméstico de uma parcela da população. Em termos de venda, o crescimento é contínuo: em 1923 são comercializadas 845 toneladas do produto. Em 1943, esse número sobe para 3.972,92 toneladas (Livro do Leite Moça, 1966). A recomendação como alimento para o preparo de mamadeiras persiste até o pós-guerra, quando um novo produto Nestlé passa a fazer parte do preparo: o leite Ninho. De acordo com o quadro 3.1, essa "oportunidade de *marketing*" complicou as indicações para a confecção de mamadeiras.

A dificuldade de "decodificação" do preparo transparece nas diversas medidas utilizadas – colheres de café, de sopa e o peso fracionado em gramas. Para fazer a mamadeira de uma criança de sete meses, por

Quadro 3.1

Transcrição das indicações presentes no rótulo de Leite Moça em 1946.

Idade da criança	Leite Moça (g ou colher de café)	Leite Ninho (g ou colher de sopa)	Água fervida (g ou colher de sopa)	Refeições em 24 horas
1ª semana	5 a 9 ou 1 ½ a 2 ½		40 a 50 ou 4 a 5	6
2ª semana	14 ou 4		75 ou 7 ½	6
3ª semana	17 ½ ou 5		90 ou 9	6
4ª semana	21 ou 6		105 ou 10 ½	6
2º mês	24 /12 ou 7		120 ou 12	6
3º mês	28 ou 8		135 ou 13 ½	6
4º mês	31/ ½ ou 9		150 ou 15	6
6º mês e seguintes	24 ½ ou 7	7 ½ ou 1 ½	150 ou 15	6
7º mês	24 ½ ou 7	10 ou 2	195 ou 19 ½	5
8º e 9º meses	21 ou 6	15 ou 3	195 ou 19 ½	5
10º, 11º e 12º meses	17 ½ ou 5	20 ou 4	210 ou 21	5
Depois do 12º mês		25 ou 5	210 ou 21	À vontade

Uma colher das de café contém aproximadamente 3 ½ g de Leite Moça, e uma das de sopa aproximadamente 5 g de leite em Pó Ninho ou 10 g de água.

exemplo, as indicações eram: 24 ½ gramas ou 7 colheres (café), somadas a 10 gramas ou 2 colheres (sopa) de leite Ninho, que deveriam ser diluídas em 195 gramas ou 19 ½ colheres (sopa) de água. Hoje é sabido que uma das principais dúvidas de consumidores na intelecção de receitas reside justamente na falta de padronização de medidas. Poucos entendem os símbolos de fração, e medidas-padrão, vidrarias graduadas ou balanças de precisão ainda não fazem parte do enxoval básico de cozinha. Difícil imaginar, então, o ato de dosar exatos 195 g de água em meados do século XX.

Na década de 1950, o uso concomitante do Leite Moça e do leite Ninho no preparo de mamadeiras desaparece dos rótulos, embora persista a tabela de diluições em água. E é nessa década que as vendas do produto no mercado brasileiro começam a cair. Um memorando da própria Nestlé relativo ao ano de 1956 indica que o surgimento de novos leites mais adequados à alimentação infantil é o fator de estagnação nas vendas do Leite Moça:

> Com a introdução, no mercado, dos leites em pó, quer integrais, quer dietéticos, e com a melhoria da qualidade do leite "in-natura" cujas disponibilidades aumentaram continuamente, o leite condensado MOÇA sofreu mais diretamente essa concorrência nos seus usos. Ao mesmo tempo, o receituário médico sujeito a novas escolas de pediatria, bania quase por completo o leite MOÇA da alimentação infantil, substituindo-o pelo leite em pó. Se o produto até 1956 apresentou crescimento satisfatório, a partir daquele ano teve suas vendas estabilizadas, não obtendo nenhuma evolução, considerando-se o crescimento vegetativo da população, além do aumento do poder aquisitivo e da melhoria das condições de vida, provocada pelo surto industrial que se vinha fazendo sentir no País. (Livro do Leite Moça, 1966)

O livro *Meu filho meu tesouro*, uma das publicações consideradas como referência para a educação de crianças do final dos anos 1950 e início da década de 1960, traz a seguinte orientação: "O leite evaporado é leite enlatado, do qual foi retirada pouco mais da metade da água (não deve ser confundido com leite condensado, que é fortemente açucarado e não serve para a alimentação infantil)" (Spock, 1962, p. 88).

A fórmula de sucesso contida no produto que na segunda metade do século XIX havia vencido a barreira da deterioração parecia estar com os dias contados. No ano de 1956, foram vendidas 19.865,13 toneladas de Leite Moça. Em 1960, o volume caiu para 15.690,48 t. Uma realidade que acompanhava o mercado mundial de leite condensado, mas que, no Brasil, tomou um rumo inesperado.

Figura 3.9. Rótulo (frente e verso) da década de 1950 com as recomendações de diluições do produto para mamadeiras.

Leite Moça e o casamento com a doçaria brasileira

No ano de 1959, na tentativa de restabelecer o patamar de vendas do produto, a empresa dá início a uma campanha de divulgação de usos culinários, apoiada na veiculação de filmes comerciais em cinemas (ações de 60 segundos, nos principais circuitos, divulgando usos do Leite Moça no preparo de refrescos, doce de leite, pudim, rabanada), em *outdoor* na cidade do Rio de Janeiro e em anúncios em revistas – *A Cigarra*, *A Gazeta Esportiva*, *O Cruzeiro*, *Radiolândia*, *Manchete*, *Cinderela*, *Querida*, *Cinelândia*, *Seleções do Reader's Digest*, *Capricho* (Livro do Leite Moça, 1966).

O rádio também foi utilizado, trazendo ao ar *jingles* de 30 segundos, sugerindo o uso do produto no preparo de pudins e Doce de Leite. O *slogan* lançado em 1958 ("Leite moça alimenta mais... É delicioso!") continua a ser trabalhado até 1960, a fim de manter certa continuidade na linha de comunicação. A ideia era reposicionar o uso do produto, mantendo, entretanto, os vínculos de confiança, de qualidade superior e de higiene conquistados pela marca Moça. Nas campanhas e anúncios, procurou-se introduzir a presença de donas de casa jovens, talvez para associar o produto ao processo de modernização da imagem do Leite Moça. Essa mudança no posicionamento fica bastante evidente no quadro 3.2, que traz os vários *slogans* criados para o produto ao longo do século XX.

Quadro 3.2

***Slogans* do Leite Moça – 1916 a 2001.**

1916	"O leite absolutamente limpo, puro e sem germes existe de facto, e se conhece sob a denominação de Leite Condensado Moça."
1917	"O Leite Condensado Moça é universal."
1918	"Leite Moça. Universalmente conhecido e o de maior venda. Sempre o preferido." "Leite Moça. O leite sem par. O único que deve ser usado com confiança."
1932	"Mande uma Lata de Leite Moça como dádiva aos soldados!"
1939	"A qualidade do Leite Marca Moça é inimitável."
1940	"Em casa todos usam Leite Moça." "Em todas as partes e em todos os lares; em todas as terras e em todos os mares – Leite Condensado Marca Moça."
1941	"Ao pedir leite condensado insista na marca Moça para ter o melhor leite. Leite Moça." "Para a merenda... Leite Moça." "As donas de casa... com a prática que têm sabem escolher o melhor."
1950	"Leite condensado Marca Moça. O melhor para todos os usos."
1953	"Como fica muito mais gostoso o café... com Leite Moça!"
1956-1961	"Leite Moça alimenta mais... É delicioso!" "Como é gostoso o pudim que a senhora fez!"
1960-1962	"Você faz Maravilhas com Leite Moça!"
1969	"Que idéias gostosas você tem com Leite Moça!"
1969-1976	"Leite Moça faz sua vida mais gostosa!"
1982	"Você faz maravilhas premiadas com Leite Moça!"
1990	"Você fez, você faz, você fará maravilhas com Leite Moça!" "Leite Moça: um século de maravilhas!"
1992	"Você faz e bebe maravilhas com Leite Moça!"
1993	"Com Leite Moça é assim: bateu tomou!"[45]
1997	"Chegou Mocinha: o Leite Moça da moçadinha."
1998	"Todo mundo vai querer beijar a mocinha." "Bateu, gostou!"
2000	"Moça Pudim: para quem tem pressa de Pudim de Leite Moça."
2001	"Nestlé Moça: as maravilhas de sempre!"

[45] O *slogan* foi criado no mesmo período em que o porta-voz do então presidente Fernando Collor de Mello, Cláudio Humberto, proferiu uma frase bastante divulgada e popularizada na época, sobre a prontidão do governo em rebater críticas: "Bateu, levou".

Até o final da década de 1930, o caminho da comunicação enfoca os aspectos de qualidade superior do produto, a fidelidade à marca (insistindo na rejeição de produtos similares) e o seu caráter de universalidade – todos consomem; em todos os lares e países, ele é o "preferido". Parece uma tentativa de despertar no consumidor o desejo de fazer parte desse novo universo de limpeza e equilíbrio. O uso do produto é associado às mudanças de hábito da vida urbana, à modernidade. Com ele é possível ser aceito e incluído nesse novo contexto. A partir da década de 1940, provavelmente em decorrência dos primeiros sinais de estagnação do produto, o leque de possibilidades começa a se abrir – a hora do lanche, misturado ao café, outros usos. Mas é no final da década de 1950 que a Nestlé parece encontrar a solução para equacionar o problema: não basta sugerir e indicar possibilidades de uso genéricas. É preciso também ensinar esses novos usos, testar receitas tradicionais da cozinha brasileira adaptando-as ao produto. E, concomitantemente, investir e insistir na divulgação dessas novas receitas, explorando seus possíveis benefícios. O *slogan* "Você faz maravilhas com Leite Moça" começa a ser utilizado com receitas e permanece por várias décadas, sendo "revisitado" e se transformando em uma espécie de bordão repetido pelos consumidores (nas cartas enviadas ao Serviço de Informação ao Consumidor, é comum observar as pessoas se apropriarem desse *slogan* para manifestar seu apreço pelo produto e solicitar mais receitas, como será visto adiante).

É também em 1959 que a Nestlé decide extinguir gradativamente o Serviço de Colaboração Familiar, que desenvolvia atividades voltadas para a puericultura. A interface desse serviço era uma personagem hipotética, chamada Ruth Beatriz, que dava conselhos às mães sobre a alimentação infantil e cuidados com os bebês. Com o passar dos anos, esse serviço acabou criando uma situação desconfortável para a empresa – mães escreviam longas cartas, buscando conselhos de Ruth Beatriz para crises familiares, e o serviço inicial de divulgação e esclarecimento de usos dos produtos Nestlé começava a perder o foco (Projeto História da Nestlé no Brasil, 1982).

Cria-se, então, um novo serviço, destinado a divulgar a utilização dos produtos de modo mais sistemático, sem o caráter emocional que a personagem transmitia. Em janeiro de 1960, o Centro Nestlé de Economia

Doméstica é implantado no Brasil, ancorado em uma experiência que já era praticada com sucesso em algumas unidades dos Estados Unidos e da Europa. Para dirigir o setor, a empresa busca um perfil de caráter mais técnico e profissional. Para tanto, procura a Universidade de São Paulo para selecionar, na turma de formandos do Curso de Nutrição e Dietética da Faculdade de Higiene e Saúde Pública, alunas capazes de desempenhar a função.

É assim que começa a trajetória da nutricionista Débora Fontenelle na Nestlé, que se desenvolve durante as três décadas seguintes. Segundo Débora, uma de suas funções à frente do Centro Nestlé de Economia Doméstica era trabalhar com o Leite Moça na Cozinha Experimental, ambiente projetado para ser o similar ideal de uma cozinha doméstica. Até então, o Leite Moça era utilizado em receitas de modo esporádico, geralmente em substituição ao leite comum.[46] A Cozinha Experimental é então montada no 16º andar da sede da Nestlé em São Paulo, na rua Bráulio Gomes. O objetivo do trabalho em cozinha seria o de ampliar a utilização do leite condensado, criar novas categorias, explorar as características que pudessem representar benefícios no preparo de receitas, e até mesmo indicar soluções para os pequenos problemas domésticos, ensinando como retirar o produto da lata sem causar contaminação ou ferimentos, como armazenar as sobras corretamente, etc.

O ano de 1960 foi emblemático na relação com o público consumidor: foi nesse ano que a televisão passou a fazer parte da estratégia de comunicação do produto. Além das ações em revistas, *outdoors*, cinema e rádio, a televisão passa a divulgar o *slogan* "Você faz maravilhas com Leite Moça" em *spots* de 20 segundos nas cidades de São Paulo, Rio de Janeiro e Belo Horizonte. O uso do produto no preparo de sobremesas, balas e guloseimas é propagado e amplia razoavelmente o número de receitas. Cresce também a faixa de audiência entre as classes socioeconômicas B1, B2 e C, nas zonas suburbanas e rurais dos estados do centro e do sul do país.

[46] O folheto *100 Receitas*, de 1953, mostra que a empresa estava tentando uma ampliação de usos para o produto em outros países da América Latina. A versão existente no Nestlé Centro de Pesquisa e Documentação, traduzida do espanhol por Helena Sangirardi, traz várias categorias de receitas elaboradas com o produto.

A linha mestra da comunicação do produto se apoia nos seguintes quesitos: "Não precisa adoçar, porque já contém açúcar"; "Encontra-se à venda em toda parte"; "Conserva-se fora da geladeira", "Sempre à mão", "É puro leite condensado", "É um produto Nestlé garantido". Ao longo da década, receitas e informações de uso para o produto desenvolvidas na Cozinha Experimental são divulgadas de modo sistemático e em várias frentes. Além do plano de mídia impressa e eletrônica, voltado para o reposicionamento culinário, a empresa passa a promover ações diretas com o público consumidor, como degustações em pontos de venda, amostras, cursos de culinária e concursos de receitas. Em situações assim, o consumidor é exposto ao produto de modo mais incisivo: vê, toca, sente o cheiro, prova. Embora o número de pessoas atingidas seja infinitamente pequeno em comparação à cobertura das mídias de massa, as chances de mudança de comportamento e de hábitos são muito mais concretas. O esquema da figura 3.10 facilita a compreensão das diversas esferas de atuação das ações de *marketing*; entre as mais utilizadas, a mídia eletrônica (tevê e rádio) é a de maior cobertura, seguida pelas revistas e jornais, materiais promocionais expostos nos pontos de venda (cartazes, testeiras, *wooblers*, etc.). Distribuição gratuita de pequenas amostras do produto, ações de degustação e aulas de culinária são as atividades de menor abrangência, mas que, em um sentido inverso, são as que mais causam impacto no consumidor, tendo maiores chances de mudar a atitude de quem prepara a comida.

A mudança de posicionamento é visível: no ano de 1961, são impressos dois tipos diferentes de rótulo. No lugar da tabela de diluições para mamadeiras, surgem receitas com imagens de duas categorias culinárias clássicas da doçaria brasileira: o Pudim e o Doce de Leite. Anúncios veiculados em revistas reforçam a divulgação das receitas.

Em um anúncio de revista de 1961 (figura 3.11), o *slogan*, anteriormente associado a imagens genéricas e ilustrativas, passa a ser referendado por três receitas diferentes – Bolo de Leite Moça, Sorvete de Leite Moça e Moça Rica. No caso do bolo, a receita é ajustada para que se use exatamente uma lata – metade na massa, metade no recheio –, visando à otimização do produto. Outro anúncio do mesmo ano busca incorporar o leite condensado a outros itens de predileção dos brasileiros: o café com leite e o arroz-doce (figura 3.12). Já em folheto produzido na década de 1960 e distribuído às consumidoras (figura 3.13), material com mais espaço, o esforço segue duas vertentes. Uma se constitui no aval da cozinha experimental: não se trata de pratos de família ou de doces contados pela vizinha, mas de receitas "criadas e rigorosamente testadas pelos especialistas do Centro Nestlé de Economia Doméstica". A outra vertente estimula a adaptação de receitas tradicionais da doçaria brasileira (como Papo de Anjo, Pé de Moleque e Pudim) ao Leite Moça.

Figura 3.10. Esquema das esferas de atuação das ações de *marketing*.
Fonte: Arquivo de Débora Fontenelle.

Figura 3.11. Anúncio veiculado na revista *Cinelândia*, em abril de 1961: em primeiro plano, o apelo do pudim de laranja. Na parte inferior, o leite condensado associado a itens de consumo comuns no Brasil, como o café com leite e o arroz-doce.

Figura 3.12. Folheto da década de 1960, distribuído às consumidoras.

Em palestra realizada na empresa de alimentos J. Macedo, em 2006, Débora Fontenelle narrou parte de sua experiência com o Leite Moça dentro da Nestlé:

> Eu assumira a incumbência de criar usos culinários para um produto que estava em queda no mercado [...] e que respondera durante décadas pela maior parte de seu faturamento. Fui contratada para fazer uma análise de hábitos culinários da mulher brasileira. Comecei por visitar todos os cursos de culinária de São Paulo, Rio, Recife, Belo Horizonte e Porto Alegre, analisando o perfil das professoras e alunas, e, sobretudo, as receitas demonstradas em aula. Foi fácil constatar que nem 10% delas eram feitas com Leite Moça. Foi naquele ano de 1961 que iniciamos na Nestlé um trabalho delicado junto a professoras de culinária, assistindo-as com receitas e material informativo, organizando cursos, fornecendo produtos e acompanhando-as em suas dificuldades. Poucos anos depois – mais precisamente, três anos –, o Leite Moça retomava seu ritmo de crescimento, solidamente. Repetimos o mesmo estudo para constatar a presença do produto em mais de 70% dos cursos. Qual a relação entre a venda do produto e o programa efetuado pelas professoras de culinária? Outras ações foram realizadas no período e a mensuração da eficiência das aulas de culinária não pôde ser facilmente provada. Era preciso ter coragem para acreditar no trabalho e nisto a Nestlé não se enganou. (Fontenelle, 2006)

Os relatórios da companhia apontam para essa tendência de crescimento que começa a se configurar; entre 1960 e 1962, as vendas sobem cerca de 25%. Entretanto, mais forte do que o indicativo de vendas – sujeito a oscilações conforme a estratégia comercial; a situação econômica do país e aos fatores climáticos, como extensos períodos de entressafra – é a mudança nos hábitos culinários que, a partir de então, estabelecem-se na cozinha brasileira. No capítulo anterior, o exemplo do arroz-doce ilustra bem a questão: a receita que a internauta chama de "verdadeira" e "de família" é justamente a que leva leite condensado em seu preparo. Muitos são os exemplos que podem ser apontados nesse sentido, indicando que o "casamento" entre o Leite Moça e o doce brasileiro, muito embora tenha sido "arranjado pelos pais da noiva", obteve sucesso. Testemunhas desse sucesso são as tapiocas regadas com o produto e o beijinho de coco, que perdeu a textura delicada, proveniente do cozimento lento das gemas em calda de açúcar, para ganhar a praticidade no preparo conferida pelo leite condensado.

Mas não foi só a doçaria brasileira que se adaptou à nova realidade; o fenômeno também ocorreu no domínio das sobremesas europeias que por aqui chegaram nos anos 1970 e 1980. As mousses perderam a leveza das várias gemas aeradas e do chantilly para ganhar o benefício da redução no tempo de preparo. As receitas feitas com frutas cítricas atestam a fórmula de sucesso: ficam prontas em poucos instantes graças à combinação entre o ácido das frutas e o produto, que engrossa rapidamente. Para finalizar, acrescenta-se uma lata de creme de leite Nestlé, que, embora não se transforme em chantilly, atenua o sabor predominantemente doce do leite condensado e ainda favorece a memorização da receita, toda ela dosada segundo "a mesma medida da lata". Mas, nesse universo de adaptações e releituras, a receita de Pudim de Leite parece ser um caso exemplar.

O tal do pudim

A receita de pudim de leite e suas variantes divulgadas pela Nestlé a partir de 1959, embora tenha sofrido alguns ajustes, teve como linha-mestra a simplificação do preparo e do número de ingredientes a serem utilizados (o que, obviamente, reduziria o custo final do prato). A tentativa de reunir, em uma receita única, uma proporção entre ingredientes facilmente memorizáveis e também a redução de erros causados pelo uso de xícaras de diferentes tamanhos (ou a indicação de medidas fracionadas, de compreensão ainda pior pelas empregadas e cozinheiras) parece ter sido o grande acerto da empresa, que usou a lata do produto como medida-padrão.

Para entender melhor o impacto das estratégias adotadas pela Nestlé no preparo dos pudins, esta pesquisa retrocedeu um pouco no tempo, em busca de receitas de família e das publicadas em livros nas primeiras décadas do século XX. De modo geral, essas receitas tinham como base ovos, açúcar e um ingrediente de sabor. Leite ou suco poderiam ser suprimidos, já que muitas delas utilizavam o açúcar sob a forma de caldas em diferentes pontos, além de trabalhá-lo sob a forma de pasta, misturado com bem pouca água. Para essa pesquisa, o trabalho foi realizado com dois cadernos de receitas manuscritos pertencentes a famílias do Rio Grande do Sul e de Minas Gerais, além do livro *Supplemento às noções de arte culinária*, referência culinária nos anos 1920 e 1930.

De uma dona de casa gaúcha (década de 1920)

O caderno de receitas de Luizila Aranha, gaúcha residente na Estância Alto Uruguay, foi iniciado em maio de 1921. Escrito com caligrafia caprichada, conta com 175 receitas. Desse total, a maioria está na categoria de doces (146), e apenas 29 são referentes a pratos salgados. Entre as receitas doces, há 21 tipos de pudins. Geralmente gemas e claras são utilizadas em quantidades diferentes, sendo poucas as receitas que mencionam apenas ovos (12 gemas e 3 claras, ovos inteiros acrescidos de claras em neve, etc.). Os sabores e os principais ingredientes são listados a seguir.

1. *Pudim Desmamado.* Amêndoas, calda de açúcar, gemas e farinha de arroz.
2. *Pudim do Céu.* Leite, baunilha, gemas e açúcar.
3. *Pudim de São João.* Miolo de pão, leite, ovos, amêndoas, passas e açúcar.
4. *Pudim de Nozes.* Nozes moídas, gemas, farinha de trigo, calda de açúcar em ponto de pasta.
5. *Pudim Ambrosia.* Gemas, leite, calda de açúcar em ponto de pasta.
6. *Pudim Bombocado.* Queijo, gemas, calda de açúcar em ponto de pasta.
7. *Pudim Bombocado (outra receita).* Queijo, gemas, coco ralado, calda de açúcar em ponto de pasta.
8. *Pudim Casamento.* Farinha de trigo, gemas, claras, amêndoas, pêssegos, aguardente, açúcar.

9. *Pudim Nahyda.* Farinha de arroz, leite, gemas, claras e açúcar.
10. *Pudim de Ovos.* Gemas e calda de açúcar em ponto de pasta.
11. *Pudim de Leite.* Gemas, leite, farinha, manteiga e açúcar.
12. *Pudim Transparente.* Coco, água de flor de laranjeira, calda de açúcar em ponto de pasta.
13. *Pudim da Rosa.* Ovos, claras, queijo, manteiga, pão desmanchado no leite.
14. *Pudim Lisboeta.* Ovos, queijo ralado, fécula e açúcar.
15. *Pudim de Gabinete.* Ovos, claras, açúcar, bolo inglês em fatias, anizete, passas. Servido com molho à base de gemas e açúcar.
16. *Pudim de Chocolate.* Manteiga, açúcar, amêndoas, chocolate em pó, ovos.
17. *Pudim de Vinho.* Vinho do Porto, leite, gemas, claras, baunilha, raspas de limão, açúcar.
18. *Pudim de Chocolate (outra receita).* Pauzinhos de chocolate, açúcar, manteiga, gemas, claras, baunilha.
19. *Pudim Bem Cazado.* Calda de açúcar, farinha de trigo, gemas, claras, leite de coco.
20. *Pudim Assis Brazil.* Calda de açúcar em ponto de pasta, gemas, claras, manteiga, amêndoas, baunilha.
21. *Pudim de Pão.* Miolo de pão, leite, gemas, claras, canela, noz--moscada.

De uma dona de casa mineira (século XIX)

No caderno de receitas conservado por Zuleika Xavier da Veiga Oliveira, pertencente à sua família, em Minas Gerais, no século XIX, foram encontradas 101 receitas, sendo apenas três salgadas – Empadinha (receita da massa), Pastéis de Batata e Salada Maionese (a emulsão em si). Todas as demais consistiam em doces, a maioria de biscoitos e bolos. Foram identificadas 12 receitas de pudins. Os sabores e os principais ingredientes estão detalhados a seguir.

1. *Pudim Siricaia.* Ovos, leite, farinha de trigo, açúcar, queijo ralado, manteiga.
2. *Pudim Italiano.* Pão escaldado no leite, coco ralado, ovos, manteiga, canela, açúcar.
3. *Pudim de Laranjas.* Calda de açúcar com suco de laranjas, ovos.
4. *Pudim de Abacaxi.* Ovos, açúcar, farinha de trigo, manteiga, fatias de abacaxi.
5. *Pudim de Banana.* Ovos, açúcar, farinha de trigo, manteiga, fatias de banana.
6. *Pudim Engorda Padre.* Farinha de mandioca, leite, açúcar, ovos, queijo ralado, manteiga, banha.
7. *Pudim Espera Marido.* Calda de açúcar, ovos, queijo ralado, farinha de trigo, manteiga.
8. *Pudim de Queijo.* Ovos, açúcar, queijo ralado.
9. *Pudim de Arroz.* Arroz, leite, açúcar, ovos, claras, queijo ralado, manteiga, sumo de limão.
10. *Pudim de Batatas.* Batata cozida e peneirada, queijo ralado, vinho do Porto, ovos, manteiga, açúcar, cravo, canela, erva-doce, noz-moscada.
11. *Pudim de Coco.* Calda de açúcar, gemas, coco, manteiga, farinha de trigo.
12. *Pudim Italiano (outra receita).* Leite, farinha de trigo, ovos, açúcar, queijo ralado.

Do livro Supplemento às noções de arte culinária *(1928)*

O livro apresenta 50 receitas de pudins. Além de não fazer referência ao leite condensado, não há qualquer receita sob a denominação Pudim de Leite. A versão que mais se assemelha à preparação conhecida hoje é o Pudim Mimoso:

> 18 gemas e uma clara de ovo, 1 colher mal cheia de farinha de trigo, 250 grammas de assucar, casca ralada de um limão, meio cálice de vinho do Porto e 1 copo de leite. Passa-se tudo por uma peneira e despeja-se em fôrma passada com assucar queimado e leva-se para cozinhar em banho-maria. (Costa, 1928, p. 194)

Outro aspecto que chama a atenção é que, na maioria das receitas apresentadas, o leite surge como um ingrediente coadjuvante, necessário apenas quando o ingrediente de sabor é excessivamente consistente, como é o caso de pudins elaborados com mandioca crua ralada, ou para aliviar a textura das massas mais pesadas, que levam farinha ou purês. A seguir é apresentada aquela que seria a estrutura das receitas mencionadas no livro, contemplando o nome da receita e a proporção de ingredientes utilizada.

1. *Pudim com Nozes e Compota.* Nozes, amêndoas, pão de ló, 6 gemas, 100 g de açúcar, 1 litro de leite.
2. *Pudim de Maçãs.* Maçãs, amêndoas, 10 gemas, 500 g de açúcar sob a forma de calda, não usa leite.
3. *Pudim de Limão.* Caldo de limão, 14 ovos e 7 claras, 500 g de açúcar, não usa leite.
4. *Pudim de Abacaxi.* Abacaxi cozido em água, 18 gemas, 18 colheres de açúcar, não usa leite.
5. *Pudim Divino.* Pão de ló, marmelada, passas, 18 gemas, calda em ponto de fio, não usa leite.
6. *Pudim de Calda.* 6 ovos, calda com 500 g de açúcar, não usa leite.
7. *Pudim de Amêndoas (versão 1).* Amêndoas, 20 gemas, 450 g de açúcar sob a forma de calda, não usa leite.
8. *Pudim Mimoso.* Leite, vinho do Porto, 18 gemas e 1 clara, 250 g de açúcar, 1 copo de leite.
9. *Pudim Celeste.* Amêndoas, 11 gemas, ½ kg de açúcar, ½ litro de leite.
10. *Pudim de Coco e Queijo (versão 1).* Coco, queijo ralado, passas, vinho do Porto, canela, farinha de arroz, 10 gemas, 400 g de açúcar, não usa leite.

11. *Pudim Diplomata.*[47] Suspiros, cerejas, "palitos francezes", passas, frutas cristalizadas. Não declara abertamente a quantidade de ovos, fica subentendido que as gemas entram no preparo do "creme abaunilhado", que a receita pede como complemento. Também não menciona a medida de açúcar utilizada nesse creme, embora explicite a quantia de leite (½ litro).
12. *Pudim de Vienna.* Biscoito de amêndoas, rum, 15 ovos, manteiga, 300 g de açúcar, rum, não usa leite.
13. *Pudim Verdu.* Miolo de pão duro, cerejas, passas, 3 ovos, 200 g de açúcar, ½ litro de leite.
14. *Pudim de Chocolate.* Chocolate em tablete, 4 gemas, açúcar em peso equivalente ao do chocolate, não usa leite.
15. *Pudim de Chá.* "Chá verde",[48] canela, 8 gemas, 250 g de açúcar, ¼ litro de leite.
16. *Pudim de Amêndoas (versão 2).* Amêndoas, 6 ovos, 250 g de açúcar, não usa leite.
17. *Pudim Caboclo.* Abóbora, leite de coco, 6 ovos, 250 g de açúcar, farinha de trigo, não usa leite.
18. *Pudim de Cará.* Cará, 1 ovo e 3 claras, 150 g de açúcar, 1 xícara de leite.
19. *Pudim de Arroz.* Arroz, amêndoas, 4 gemas, não menciona açúcar, 1 litro de leite.
20. *Pudim de Ovos.* 10 gemas, calda com 500 g de açúcar.
21. *Pudim de Queijo (versão 1).* Queijo ralado, canela, 8 ovos, 250 g de açúcar, não usa leite.
22. *Pudim de Coco e Queijo (versão 2).* Coco e queijo ralado, 10 ovos, 1 kg de açúcar sob a forma de calda, não usa leite.

[47] Esse pudim é montado em camadas; o leite entra no preparo de um "creme abaunilhado", engrossado provavelmente com gemas, conforme receita de creme inglês divulgada na p. 169 do mesmo livro. O sabor doce ficaria por conta das frutas, do suspiro e do próprio creme.

[48] O livro não especifica o que seria o "chá verde".

23. *Pudim de Pão de Ló.* Pão de ló em fatias, 15 gemas, 750 g de açúcar sob a forma de calda, não usa leite.
24. *Pudim de Batatas.* Batata cozida, canela, água de flor, 6 gemas e 3 claras, 250 g de açúcar, não usa leite.
25. *Pudim de Moranga.* Moranga cozida, especiarias, 6 ovos, 250 g de açúcar, não usa leite.
26. *Pudim de Mandioca.* Mandioca crua ralada, queijo minas, 12 gemas e seis claras, 350 g de açúcar, 1 xícara de leite.
27. *Pudim de Fubá Mimoso.* Fubá mimoso, 4 ovos, 115 g de açúcar, leite "o bastante para dar uma massa espessa".
28. *Pudim com Passas e Amêndoas.* Amêndoas, passas, 5 ovos, 200 g de açúcar, não usa leite.
29. *Pudim Supremo.*[49] Chocolate em tablete, pão de ló, não usa ovos, ½ xícara de açúcar, 1 xícara de leite.
30. *Pudim Mariquinha.* Queijo minas, limão, 6 ovos, 500 g de açúcar, 1 garrafa de leite.
31. *Pudim de Queijo (versão 2).* Queijo ralado, passas, 4 gemas, 2 claras, 12 colheres de açúcar, 1 copo de leite.
32. *Pudim de Abacaxi.* Suco de abacaxi, 12 ovos e 4 claras, 400 g de açúcar, não usa leite.
33. *Pudim de Frutas.* Frutas cristalizadas, "palitos francezes", 4 ovos, açúcar suficiente para "temperar" o leite, ½ litro de leite.
34. *Pudim de Pão com Laranja.* Pão, 2 gemas, 3 colheres de sopa de açúcar, 1 copo de leite.
35. *Pudim de Coco.* Coco ralado, não usa ovos (engrossado com farinha de trigo), 500 g de açúcar na calda em fio, não usa leite.
36. *Pudim Provençal.* Amêndoas, pistache, palitos de pão de ló, 7 ovos, 400 g de açúcar, leite sem quantidade especificada.
37. *Pudim de Chocolate (versão 1).* Chocolate em pó, palitos de pão de ló, 7 ovos, 100 g de açúcar, não usa leite.

---

[49] Receita similar ao que chamamos de pavê: montada em camadas e com palitos de pão de ló, não é assada, mas levada a "logar fresco, durante algumas horas" (p. 199). Cobre-se com creme tipo chantilly e cerejas.

38. *Pudim Francfort.* Amêndoas, miolo de pão de centeio torrado, especiarias, frutas em compota, 7 gemas, 150 g de manteiga, não usa leite.
39. *Pudim de Bananas.* Banana, farinha de milho, "molho de abricot", 3 ovos, 125 g de açúcar, ½ litro de nata batida.
40. *Pudim Malakof.* Marmelada de maçãs, amêndoas, laranja cristalizada, "palitos francezes", licor, não usa ovos (receita semelhante à de pavê). O açúcar está incluído nos cremes da montagem. Utiliza ½ litro de nata acrescida de gelatina.
41. *Pudim de Café.* Pão, café forte, amêndoas, manteiga, 4 ovos, 150 g de açúcar, não usa leite.
42. *Pudim de Queijo (versão 3).* Queijo ralado, 6 ovos, calda feita com 500 g de açúcar, não usa leite.
43. *Pudim Ligeiro.* Queijo ralado, canela, 4 gemas, 10 colheres de açúcar, 1 copo de leite.
44. *Pudim Delicado.* Leite de coco, 18 gemas, 18 colheres de açúcar, não usa leite.
45. *Pudim de Laranja com Amêndoas.* Canela, casca de laranja, amêndoas, 16 gemas, calda com 460 g de açúcar, não usa leite.
46. *Pudim de Uvas.* Caldo de uvas, farinha de arroz, não usa ovos (apura-se no fogo e é servido gelado) e recomenda açúcar "à vontade". Não utiliza leite.
47. *Pudim de Amêndoas (versão 3).* Amêndoas, doce de laranja, 12 gemas, 3 claras, 750 g de açúcar, doce de laranja ou de cidra, não usa leite.
48. *Pudim de Chocolate (versão 2).* Amêndoas, chocolate ralado, 10 gemas, 250 g de açúcar, não usa leite.
49. *Pudim Francês.* Farinha de trigo, farinha de milho, geleia de frutas, 6 gemas, 1 pires de açúcar, 1 garrafa de leite.
50. *Pudim Souflée.* Palitos de pão de ló, *kirsch*, 5 ovos, 125 g de açúcar, 2 xícaras de leite.

Da Nestlé

Conforme mencionado anteriormente, a partir de 1959 a Nestlé passa a divulgar receitas de pudins preparados com Leite Moça, estratégia mantida de modo regular até o início da década de 1990 e que permanece até os dias atuais, sem ser, contudo, o "carro-chefe", já que o uso foi considerado plenamente estabelecido nessa categoria culinária. As figuras 3.13 a 3.19a ilustram a evolução dessas preparações, que, na maioria das vezes, consistiam em variações da receita "básica" (o pudim de leite) com diferentes sabores, como coco, milho, laranja, café e nozes, entre outros.

Comparativo das receitas e a consolidação do leite condensado

As receitas coletadas em cadernos de família e no livro de receitas, todas anteriores à década de 1950, demonstram que a categoria "pudins" era parte da doçaria brasileira. É possível afirmar que essas receitas têm em comum quatro atributos principais:

1. *Multiplicidade de sabores e de texturas.* Há pudins elaborados com frutas frescas, cristalizadas e secas; tubérculos; fatias de bolos; pães; biscoitos; geleias e compotas, entre outros, oferecendo uma grande gama de texturas. Todos eram chamados de pudins, desde os mais firmes, feitos com mandioca, até os preparados apenas com gemas e calda de açúcar.
2. *Diversidade na técnica de preparo.* Inexiste um preparo que pudesse ser chamado de "básico", do qual seriam extraídas as variações de sabor. Poucos pudins eram assados em fôrmas caramelizadas, ou seja, raramente contavam com calda de açúcar. Receitas que partiam de bases mais sólidas, como pães embebidos em leite e licor, palitos-franceses ou tiras de pão de ló podiam ser servidas com creme inglês ou zabaiones.
3. *Grande quantidade de ovos e desproporção entre gemas e claras.* A maioria das receitas solicita uma quantidade superior

NADA MELHOR QUE O PUDIM DE LEITE MOÇA!

Não há nada melhor mesmo! É tão gostoso êste pudim, que dificilmente você deixará de repeti-lo.

Aqui está a receita:

Junte 1 lata de Leite Moça a igual quantidade de leite e 4 ovos (gemas e claras). Bata bem e coloque numa fôrma untada com açúcar queimado e leve ao fogo, em banho-maria, durante 50 minutos mais ou menos, tendo o cuidado para que a água, ao ferver, não penetre na fôrma. Enfeite, depois, o pudim, com geléia ou pedacinhos de frutas.

E, se desejar um lindo livro de receitas, envie três rótulos do gostoso Leite Moça para: Produtos Nestlé – Depto. PSL – Caixa Postal, 1590 – Rio.

Figura 3.13. Receita em anúncio da revista *O cruzeiro* de 16 de maio de 1959. É o início da estratégia de associar o leite condensado de forma definitiva ao preparo do pudim, usando como atrativos a pequena quantidade de ovos e a facilidade de preparo.

SABOROSO PUDIM!

Junte uma lata de "Leite Moça" a igual quantidade de leite e a 4 ovos (gemas e claras). Bata e coloque em fôrma untada com açúcar queimado. Leve ao fogo, em banho--maria, durante 50 minutos.

Figura 3.14. A mesma receita do anúncio de 1959 é apresentada, de forma resumida, no rótulo do produto que vigorou entre 1961 e 1962.

Receita de Pudim de Leite Moça

1 lata de Leite Moça, 2 vezes a mesma medida de leite, 3 ovos. Bata todos os ingredientes no liquidificador, coloque em forma caramelizada e cozinhe em banho-maria, em panela de pressão, por 20 minutos.

Figura 3.15. Na receita do rótulo de 1980, dobra-se a quantidade de leite em relação à receita dos anos 1960 e colocam-se menos ovos. O pudim é feito em panela de pressão, refletindo a necessidade do consumidor por um preparo mais rápido. O resultado é um pudim um pouco menos doce e com textura mais delicada.

A história do pudim se confunde com a própria história do doce brasileiro: no Brasil Colônia ele já era a vedete das sobremesas e doces. O Leite Moça veio ajudar a popularizar esta especialidade bem nossa. Aqui você vai conhecer todos os segredos do Pudim de Leite, o doce mais querido de norte a sul do país.

Figura 3.16. O livro *O doce brasileiro: as maravilhas de Leite Moça*, de 1989, busca reforçar a associação entre leite condensado e a tradição da doçaria nacional.
Fonte: *O doce brasileiro: as maravilhas de Leite Moça*. São Paulo: Nestlé Industrial e Comercial Ltda., 1989, p. 13.

a oito ovos, e raras são as que pedem uma quantidade exata desse ingrediente. A função da gema, de dar consistência durante a cocção em calor suave e fundamental na textura final do pudim, provavelmente seria o diferencial entre as várias receitas existentes registradas até então.

4. *Presença ocasional de leite.* Frequentemente se utilizavam suco de frutas, calda de açúcar e bebidas alcoólicas. O leite não era uma "obrigatoriedade".

É necessária uma base de conhecimento culinário para perceber essas variações sutis entre as diversas receitas, cada uma solicitando uma quantidade específica de gemas, ovos ou claras; contando ou não com a adição de leite e de caldas em pontos distintos; adotando medidas inexatas como "pires" ou "garrafa"; inexistindo a identificação do momento certo de

JDIM DE QUEIJO

BRIGADEIRÃO

Ingredientes:
lata de Leite Moça
mesma medida de leite
xícara (chá) de Chocolate em Pó Solúvel Nestlé (80 g)
colher (sopa) de manteiga
colher (sopa) de farinha de trigo
ovos
anteiga para untar a fôrma

odo de preparo:
Bata no liquidificador (ou isture numa tigela) o Leite loça, o leite, o chocolate em ó, a farinha de trigo, manteiga e as gemas.
Bata as claras em neve e crescente delicadamente mistura retirada do quidificador.
Despeje em fôrma própria ara pudim (tamanho médio), ntada com manteiga. Cubra om papel de alumínio, amarre om barbante em toda a volta asse em banho-maria em orno médio (175°C) por cerca e 1 hora e 30 minutos.
Desenforme depois de ompletamente gelado (deixe e preferência de um dia para outro na geladeira). Salpique hocolate granulado por toda superfície do pudim e irva a seguir.

endimento: 8 a 10 porções

PUDIM DE QUEIJO

Ingredientes:
1 xícara (chá) de açúcar para caramelizar a fôrma
1 lata de Leite Moça
2 vezes a mesma medida de leite
2 xícaras e meia (chá) de queijo fresco amassado
2 colheres (sopa) de açúcar
3 ovos

Modo de preparo:
1 Prepare a calda derretendo o açúcar em fogo brando. Junte meia xícara (chá) de água fervente, mexa e deixe ferver até obter uma calda lisa. Forre completamente a fôrma com esta calda e reserve.
2 Bata no liquidificador (ou misture numa tigela) o Leite Moça, o leite, o queijo, o açúcar e os ovos. Despeje na fôrma caramelizada. Cubra com papel de alumínio e amarre com um barbante em toda a volta.
3 Asse em banho-maria em forno médio (175°C) por cerca de 1 hora e 30 minutos ou cozinhe em panela de pressão por 20 minutos.
Desenforme depois de frio.

Rendimento: 10 a 12 porções

PUDIM DE LARANJA

Ingredientes:
1 xícara (chá) de açúcar para caramelizar a fôrma
1 lata de Leite Moça
1 vez e meia a mesma medida de suco de laranja
3 ovos

Modo de preparo:
1 Prepare a calda derretendo o açúcar em fogo brando. Junte meia xícara (chá) de água fervente, mexa e deixe ferver até obter uma calda lisa. Forre completamente a fôrma com esta calda e reserve.
2 Misture ou bata no liquidificador o Leite Moça, o suco de laranja e os ovos.
3 Despeje essa mistura na fôrma caramelizada, cubra com papel de alumínio e amarre em toda a volta com barbante.
4 Asse em banho-maria por cerca de 1 hora e 30 minutos em forno médio (175°C) ou cozinhe em panela de pressão por 20 minutos.

Rendimento: 8 a 10 porções

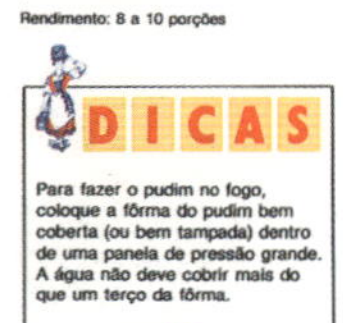

DICAS

Para fazer o pudim no fogo, coloque a fôrma do pudim bem coberta (ou bem tampada) dentro de uma panela de pressão grande. A água não deve cobrir mais do que um terço da fôrma.

Se a calda ficar muito grossa, coloque 2 a 3 colheres (sopa) de água fervente e leve novamente ao fogo até ferver. Deixe esfriar antes de utilizar

PUDIM DE COCO

PUDIM DE COCO

Ingredientes:
1 xícara (chá) de açúcar para caramelizar a fôrma
1 lata de Leite Moça
a mesma medida de leite
1 vidro pequeno de leite de coco
3 ovos
1 xícara (chá) de coco ralado

Modo de preparo:
1 Prepare a calda derretendo o açúcar em fogo brando. Junte meia xícara (chá) de água fervente, mexa e deixe ferver até obter uma calda lisa. Forre completamente a fôrma com esta calda e reserve.
2 Bata no liquidificador (ou misture numa tigela) o Leite Moça, o leite de coco e os ovos. Acrescente o coco ralado, misturando delicadamente, sem bater.
3 Despeje a mistura do leite, ovos e coco na fôrma caramelizada, cubra com papel de alumínio e amarre com barbante em toda a volta.
4 Asse em banho-maria por cerca de 1 hora e 30 minutos em forno médio (175°C) ou cozinhe em panela de pressão por 20 minutos.

Rendimento: 12 a 14 porções

PUDIM DE RICOTA

Ingredientes:
1 xícara (chá) de açúcar para caramelizar a fôrma
500 g de ricota amassada
1 lata de Leite Moça
1 colher (sopa) de suco de limão
3 ovos
1 xícara (chá) de frutas cristalizadas

Modo de preparo:
1 Prepare a calda derretendo o açúcar em fogo brando. Junte meia xícara (chá) de água fervente e deixe ferver até obter uma calda lisa. Forre completamente a fôrma com esta calda e reserve.
2 Bata no liquidificador (ou misture numa tigela) a ricota, o Leite Moça, o suco de limão e os ovos. Acrescente as frutas cristalizadas. Despeje a mistura numa fôrma caramelizada. Cubra com papel de alumínio e amarre com barbante em toda a volta.
3 Asse em banho-maria por aproximadamente 1 hora e 30 minutos em forno médio (175°C) ou cozinhe por cerca de 20 minutos em panela de pressão. Desenforme depois de frio.

Rendimento: 8 a 10 porções

PUDIM DE CAFÉ CROCANTE

Ingredientes:
1 xícara (chá) de açúcar para caramelizar a fôrma
1 lata de Leite Moça
2 vezes a mesma medida de leite
2 colheres (sopa) de Nescafé
3 ovos
Crocante:
1 xícara (chá) de açúcar
1 colher (sopa) de manteiga
1 xícara (chá) de amendoim torrado e moído

Modo de preparo:
1 Prepare a calda derretendo o açúcar em fogo brando. Junte meia xícara (chá) de água fervente, mexa e deixe ferver até obter uma calda lisa. Forre completamente a fôrma com esta calda e reserve.
2 Bata no liquidificador (ou misture numa tigela) o Leite Moça, o leite, o Nescafé e os ovos. Despeje na fôrma caramelizada. Cubra com papel de alumínio e amarre com barbante em toda a volta.
3 Asse em banho-maria em forno médio (175°C) por 1 hora e 30 minutos ou cozinhe em panela de pressão por 20 minutos. Desenforme depois de frio.
4 Faça o crocante: leve ao fogo o açúcar até derreter e ficar ligeiramente dourado (não deixe queimar). Misture a manteiga e junte o amendoim. Despeje sobre o mármore untado. Depois de frio, passe o rolo de macarrão por cima para despedaçar o crocante. Espalhe os pedaços de crocante sobre o pudim.

Rendimento: 8 a 10 porções

Figuras 3.17 e 3.17a. A receita de Pudim de Leite fornecida no livro *O doce brasileiro: as maravilhas de Leite Moça* é a mesma publicada no rótulo da lata de 1980. A partir daí, surgem as variações: coco (substitui-se parte do leite por leite de coco e adiciona-se coco ralado), queijo (conta apenas com a adição de queijo fresco amassado), ricota, frutas cristalizadas, entre outras variações.

Fonte: *Ibid.*, pp. 18 e 20.

retirar o pudim do forno, de como untar a fôrma ou desenformar o doce pronto, etc. E esse conhecimento era adquirido por meio da prática e da vivência cotidiana. À medida que o trabalho feminino fora do lar se intensifica, a teia que compunha o ciclo de observações inerente ao aprendizado culinário desses doces começa a se desfazer. Gestos são perdidos, percepções e técnicas começam a ser esquecidas. A estratégia de comunicação do Leite Moça foi eficaz na medida em que ocupou o espaço deixado pela falta de continuidade de experiências entre as gerações de mulheres, fruto das transformações econômicas e sociais que marcaram a primeira metade do século XX. E soube capitalizar muito bem essa lacuna preenchendo-a com informações de forte apelo de modernidade, higiene e segurança. O uso do Leite Moça no preparo de pudins fez com que as etapas de preparo fossem simplificadas e o tempo gasto, diminuído. Logo nas primeiras décadas, utilizou o aval da cozinha experimental, comandada por "nutricionistas e especialistas" para validar esse novo preparo, esse novo saber culinário. E, em seguida, agregou o uso do produto à tradição da doçaria brasileira. A nova mulher das grandes cidades deveria preparar os doces de sempre, mas em sintonia com as demandas dos novos tempos.

Se, por um lado, as nuanças de texturas existentes nas diversas receitas de pudim anteriores à década de 1950 começam a desaparecer (o pudim feito com leite condensado apresenta sempre a mesma textura!), por outro, a "nova receita" minimiza o erro, na medida em que utiliza a própria lata para dosar o leite e indica sempre a mesma quantidade de ovos. O benefício de praticidade que o produto oferece para a mulher dos anos 1960 ainda conta com a introdução do conceito de "receita básica". Com base em uma "fórmula-padrão", criam-se algumas possibilidades de variantes: para fazer o pudim de laranja, basta substituir o leite por igual medida de suco; para um pudim de café, adiciona-se, à mesma base do pudim de leite, ½ xícara de café forte ou ainda colheres de café solúvel. Essa receita-padrão ainda resolve o problema de sobras das claras, ao pedir sempre ovos inteiros.

Uma pesquisa encomendada pela Nestlé ao Instituto de Estudos Sociais e Econômicos (Inese) no ano de 1967 indica que a estratégia culinária adotada pela filial brasileira foi bem-sucedida para trazer um novo fôlego ao produto. O método adotado consistia em aplicar um questionário seguido de entrevistas pessoais com 800 donas de casa residentes nas cidades do Rio de Janeiro e São Paulo, selecionadas ao acaso, sem o crivo de classes sociais. O objetivo era localizar as condições de mercado do produto e determinar as possíveis possibilidades de expansão. Os resultados permitem entender melhor a insistência da companhia em investir no trabalho de criação e desenvolvimento de receitas. De um total de oito conclusões extraídas desses questionários e entrevistas, serão consideradas três (grifos meus):

> 1. O produto é considerado tradicional na cozinha brasileira. As usadoras já possuem suas próprias receitas ou sabem fazê-las de cor.
> 2. O preparo de pudim, quer seja caseiro ou com pó especial, é bastante difundido nas duas cidades. **Entre os pudins caseiros destaca-se o de leite condensado**.
> 3. Os pudins preparados com pó especial e os pudins caseiros são servidos em dias comuns, enquanto **o pudim de leite condensado o é principalmente em ocasiões especiais, confirmando assim o alto conceito do produto**. (Instituto de Estudos Sociais e Econômicos, 1967.)

No sumário dos principais resultados, é fornecida a posição que o Leite Moça ocupava no preparo de pudins – na época, o principal concorrente para o produto nessa categoria eram as misturas prontas em pó para pudim, em que a Royal tinha a liderança de mercado.

> O pudim preparado com leite condensado é o que desfruta de posição mais favorável junto ao mercado consumidor, se comparado aos outros tipos. Na opinião das entrevistadas, é:
> - o pudim mais saboroso (75%):
> - o preferido pelas crianças (68%);
> - o preferido pelas donas de casa com muitas posses (67%);
> - o preferido pelos adultos (66%);
> - o preferido pelas mulheres (66%);
> - o preferido pelos homens (61%);
> - o preferido pelas donas de casa jovens (56%);
> - o mais fino, o melhor para a saúde (55%);
> - o preferido pelas donas de casa que cozinham bem (53%);
> - o preferido pelas donas de casa de classe média (49%). (*ibidem*)

Com base nesses resultados, recomendavam-se as seguintes estratégias:

> Do ponto de vista culinário:
> - intensificar ainda mais a divulgação de receitas;
> - divulgar receitas duplas, isto é, que utilizem parte da lata em cada uma e no total gastem toda a lata.
>
> Do ponto de vista do produto:
> - diversificar as receitas do rótulo, uma vez que as donas de casa têm confiança nas mesmas.
>
> Do ponto de vista publicitário:
> - intensificar o consumo do pudim e do doce de leite, divulgando seu uso em qualquer ocasião;
> - continuar mantendo a imagem de produto tradicional da cozinha brasileira;
> - procurar melhorar o conceito de pureza do produto;
> - por meio de ações promocionais, forçar a compra por impulso, uma vez que atualmente a dona de casa, em sua maioria, só compra o produto para um fim específico. (*Ibidem*)

Até hoje, a questão sobre a eficiência das ações de *marketing* culinário na mudança de hábitos da mulher brasileira é central nas empresas de alimentos. As campanhas de mídia eletrônica exercem forte apelo, além de fornecerem estatísticas e números de *recall* preciosos para a gerência do produto.

Não é o foco deste trabalho discutir qual seria o meio mais eficaz para a introdução de novos hábitos culinários junto ao consumidor brasileiro. Entretanto, cabe ressaltar que, em menos de cinquenta anos, a mudança ocorrida nas receitas e nas técnicas de preparo da categoria de pudins foi expressiva, revelando a extensão da influência da indústria de alimentos na transformação de práticas culinárias. Nas primeiras décadas do século XX, a gama de técnicas e de sabores de pudins pertencentes ao nosso universo culinário era bastante extensa e variada. Hoje, resume-se a três ou quatro sabores, e a maioria é feita com o leite condensado, seguindo a receita básica divulgada pela Nestlé.

Pesquisando a expressão "pudim de leite" no *site* de buscas *Google*, em dezembro de 2009,[50] e estabelecendo como filtro apenas as páginas em português, obtiveram-se 241 mil páginas como resultado. Sabe-se que o critério de pesquisa do *Google* obedece a acordos comerciais previamente estabelecidos: as informações contidas nos primeiros resultados são as mais consultadas, ganhando um poder de propagação potencialmente maior. Ao se verificarem os resultados dos primeiros onze *sites* que foram listados, o cenário encontrado foi o descrito a seguir.

1. http://tudogostoso.uol.com.br/receita/1045-pudim-de-leite-moca.html. Área de culinária do *site UOL*. A receita utiliza "1 lata de Leite Moça".
2. http://tudogostoso.uol.com.br/receita/4746-pudim-de-leite-condensado-de-microondas.html. A receita oferece uma versão para o preparo no micro-ondas. A quantidade de leite e de ovos difere da primeira receita, entretanto, faz uso de "1 lata de leite condensado", sem mencionar a marca.
3. http://www.nestle.com.br/site/cozinha/receitas/Pudim_de_Leite_Moca.aspx. É o portal da Nestlé, ou seja, obviamente o pudim é preparado com o leite condensado Moça.
4. http://images.google.com.br/images. *Site* de imagens. Traz apenas fotografias de pudins, sem mencionar receitas.
5. http://tvtem.globo.com/culinaria/receita.asp? codigo=1413&EditorialD=30. *Site* da TV Tem, afiliada da Rede Globo. A responsável pelo conteúdo também utiliza o leite condensado e, antes de detalhar a receita, faz o seguinte comentário: "Essa receita é simples, mas a melhor! Sabe aquele pudim que fica com furinhos, e lisinho ao mesmo tempo? Aprendi com a tia Lourdes, veja a foto dela em "Receita de Família" e como foi em

[50] Essa mesma pesquisa, realizada em setembro de 2008, encontrou 69 mil registros. A publicação desses conteúdos é bastante dinâmica – algumas páginas são retiradas da rede, outras entram. As matérias publicadas em *blogs* parecem ser o tipo de registro que permanece por mais tempo.

"Minha História". Hoje faço igualzinho, e até no micro-ondas. Experimente!". Ao clicar em "Minha História", encontra-se o seguinte depoimento (os grifos são da autora):

> [...] um dia, em Bauru-SP, onde nasci, fui comprar um litro de leite e, quando voltei, vi uma cena que nunca mais esqueci... Em frente a uma ampla e iluminada janela, estavam minhas tias, que confeitavam um lindo bolo de casamento! Aquele monte de bicos com formatos diferentes que magicamente cobriam o bolo, a comida deliciosa que minha mãe fazia, a possibilidade de aprender a fazer o manjar da vovó e o **pudim de leite condensado** igualzinho ao de outra tia, o melhor que conheço, e o fato de sempre receber elogios... foi o começo de tudo [...].

6. http://www.muitogostoso.com.br/informacao/view/Sobremesas/PavA%AAs-e-Pudins/Pudim-de-Leite. *Site* voltado para os iniciantes em culinária: além de fazer uso do leite condensado, sem mencionar marcas, oferece fotos dos ingredientes e um modo de preparo bastante detalhado, permeado com dicas e informações aprofundadas de cada etapa da receita.
7. http://www.novasociedade.com.br/cozinha/receitas/pudins.html. Oferece na mesma página três versões de pudim de leite. Na primeira, indica o uso de leite integral, reforçando que é uma "receita tradicional, do início do século, pertencente ao acervo da 'família Cannabrava'". Na sequência, traz uma variante feita com leite em pó (o apelo é de economia de custo) para, em seguida, apresentar a receita feita com o leite condensado, acompanhada do seguinte comentário: "Receita bastante popular, faz a delícia de qualquer festa ou lanche".
8. http://www.muitomaisreceitas.com.br/receitas/doces/pudim_de_leite_moca.html. Especializado em culinária, o *site* oferece receitas doces e salgadas com vários recursos de pesquisa. Embora o título da receita apresentada seja "Pudim de Leite Moça" e mencione como fonte a Cozinha Nestlé, não cita a marca Moça na lista de ingredientes. As informações de preparo são bastante detalhadas, com várias dicas.

9. http://pt.wikibooks.org/wiki/Livro_de_receitas/Pudim_de_leite. *Site Wikilivros* que, segundo informação da *homepage*, é voltado para o "desenvolvimento colaborativo de livros, apostilas, manuais e outros textos didáticos". Traz na mesma página três receitas. Na primeira, faz uso de gemas, leite, farinha de trigo e açúcar. Na segunda, oferece a mesma base da primeira receita, acrescentando queijo ralado. E, na terceira, mostra a receita com leite condensado, sem mencionar a marca.
10. http://www.blogbrasil.com.br/receita-de-pudim-de-leite-condensado-ingredientes. Segundo texto de apresentação da *homepage*, o *site* traz "notícias, artigos e dicas sobre atualidades", em que são incluídas chamadas para alimentos e culinária. A receita apresentada faz uso de "leite condensado", sem mencionar marca.
11. http://cybercook.terra.com.br/pudim-de-leite-condensado.html?codigo=8595. Área de culinária do *site Terra*. A receita apresentada é preparada com leite condensado, e a marca sugerida é Mococa.

Nessa primeira página de resultados para a categoria "pudim de leite", excetuando-se o *site* que só oferece imagens, existem dez receitas diferentes. Em todos eles, a receita de pudim de leite elaborada com leite condensado aparece. Em oito, o uso de leite condensado surge sem dividir espaço com outras versões, evidenciando que a estratégia utilizada pela Nestlé a partir da década de 1960 foi muito bem-sucedida. Na página seguinte, a mesma situação se repete, e, provavelmente, assim é nos demais resultados da *web*. Nessas receitas, as únicas variações tratam da proporção entre os ingredientes – algumas indicam quatro ovos, outras três. A quantidade de leite também varia entre uma vez até três vezes a mesma medida da lata.

Hoje, a internet está surgindo como um dos principais veículos de divulgação de receitas – a gratuidade, o fato de demonstrar em imagens o passo a passo da receita (em fotos ou em pequenos filmes) tem facilitado, agilizado e aproximado as empresas de seu público consumidor. O endereço http://www.dadivosa.org/2008/03/31 inclui outro depoimento curioso, que trata a receita de pudim à base de leite condensado como uma "receita de avó". O trecho destacado a seguir sinaliza que, no decorrer das gerações, o ingrediente industrializado já é associado aos valores de tradição em tom saudosista e emocional (os grifos são da autora):

> De cintura larga, cabelos até a cintura, saia até o joelho, decote até o pescoço, rosto apagado e sobrancelhas revoltas, Maria Arlete não assistia à televisão, não ouvia rádio, fazia questão de deixar bem claro que "não era de desfrutes". Vi uma foto dela comigo, eu devia de ter uns 2, 3 anos. Ela ajudava na limpeza da casa da mãe. Por debaixo da casca estudadamente pudica, tinha duas grandes taras, por assim dizer: sabonete Francis e pudim de leite. [...] **A receita do pudim da Vó** não tem nada de diferente do tradicional, aquele que vai na embalagem do leite condensado [...].

No *blog* http://www.justlia.com.br/2008/09/pudim-de-leite, a receita de pudim usando o leite condensado encontra-se em outro estágio: a blogueira deixa claro que a dificuldade de preparo outrora enfrentada nas receitas sem leite condensado (identificar o ponto do cozimento e estabelecer as proporções ideais entre os ingredientes do pudim) migrou para o "acessório" da receita – a calda de caramelo. A receita da calda praticamente não sofreu alterações ao longo das décadas, sendo duas as principais técnicas utilizadas: dourar o açúcar diretamente na fôrma ou preparar calda com água e açúcar, até atingir o ponto de caramelo. A autora do *blog* ressalta (os grifos são da autora):

> Haja coragem pra tentar fazer esse, já que a calda é super delicadinha (queima fácil) e ainda pode cair fervendo em você e desconfigurar seu corpo! huhauehauehae (queimei um dedo, mas tou viva!). **É de micro-ondas né, pq ficar 10 horas em banho-maria no forno, só no tempo da minha vó!**

É interessante destacar o trecho de uma entrevista feita pelo jornalista Glauco Carneiro em 1982 com Débora Fontenelle, a responsável pelo Centro Nestlé de Informação ao Consumidor durante mais de trinta anos.

> GC – Falávamos do ciclo da vida do produto e você explicava que a tradição do leite Moça é o resultado de...
> DF – Não é só o fato de ter uma marca Nestlé. Eu acho que foi também um produto que soube perder o seu mercado, porque ele tinha um mercado básico de alimentação infantil e perdeu esse mercado [...]. Então o que acontece? Ele associou o açúcar do brasileiro, o doce do brasileiro, as relações de compensação do doce, de valorização do doce dentro da alimentação, com as facilidades que o produto se propunha.
> GC – Relações de compensação do doce...
> DF – A compensação psicológica do doce; o que o doce representa de agrado. [...] Então, o Leite Moça se prestou para capitalizar o açúcar, do que a gente pode chamar que a gente tem de raiz; toda essa relação emocional, como uma condição de facilidade porque era um produto emocional, com uma condição de facilidade porque era um produto que simplificava as coisas sem anular a mulher. A mulher faz um pudim com leite Moça, o pudim é dela. Então, ele caiu exatamente, Deus sabe por que, porque eu te juro, garanto que não foi nada planejado, que não foi nenhum gênio do *marketing* que foi aí e detectou essas coisas não; certas medidas que a empresa teve foram muito felizes na hora de explorar a receita [...]. Quando você olha os casos em outros mercados... Eles estão até hoje perguntando como é que o Brasil conseguiu... (Projeto História de Nestlé no Brasil, 1982, p. 31)

A participação crescente da mulher no mercado de trabalho e a consequente busca por soluções mais práticas, uma estratégia de *marketing* bem trabalhada em seus diferentes níveis, ou ainda o traço cultural de gosto pelo açúcar capitalizado pelo produto são alguns dos caminhos que podem ser trilhados na tentativa de entender a penetração do leite condensado em receitas tradicionais da culinária brasileira.

Pesquisas de mercado realizadas pela empresa no final dos anos 1990 e início da década de 2000 (Relatórios de Pesquisa de Mercado, 2003) indicam que, embora as marcas Nestlé e Moça sejam responsáveis por mais da metade do *share of mind* da categoria de leite condensado, a oferta de produtos de outras marcas (com padrão de qualidade similar e preços mais baixos) afetou o volume de vendas e a rentabilidade que o produto anteriormente oferecia. A campanha efetuada pela Nestlé ao longo de quarenta anos para a implantação de um novo uso para o produto acabou beneficiando a categoria como um todo, estimulando a concorrência a desenvolver produtos com as mesmas características e indicações de uso. Ironicamente, o receio e o esforço feito pela empresa nas primeiras décadas do século XX para combater as "imitações" do produto, quando ainda recomendava sua diluição em água, acabou se concretizando de modo inevitável décadas mais tarde. Entretanto, para o objetivo desta pesquisa, o resultado parece ser bastante claro: houve de fato uma mudança na maneira de preparar os doces, e essa mudança foi fruto de um trabalho dirigido às jovens donas de casa dos anos 1960, 1970 e, em menor grau, dos anos 1980 e 1990, que aprenderam a preparar doces, bolos e sobremesas consultando as receitas divulgadas pela empresa. Outra pesquisa encomendada pela gerência do produto na Nestlé, em 2000 (*ibidem*), revela claramente o alcance desse trabalho: a maioria das consumidoras do leite condensado Moça é de mulheres das classes A e B (41% da amostra) e com mais de 50 anos (33% da amostra). Ou seja, mulheres que, nos anos 1960 e 1970, provavelmente iniciando seus papéis como donas de casa, sofreram impacto direto das receitas divulgadas em rótulos, folhetos gratuitos, anúncios em revistas femininas, degustações em pontos de venda e também em aulas de culinária.

Foi a empresa quem as ensinou a cozinhar em um mundo completamente diferente daquele em que suas mães e avós foram criadas. E elas se mantêm fiéis à marca e ao uso do produto e, de certa maneira, passaram esse conceito, esse jeito de cozinhar para suas filhas, que, agora, preparam o pudim de leite em micro-ondas. A atitude da indústria de alimentos ao se aproximar da intimidade de seu público consumidor ensinando uma nova maneira de cozinhar, além de modificar o comportamento culinário, também cria uma relação de confiança e de fidelidade à marca, que pode ser percebida ao observarmos as cartas de consumidores endereçadas à empresa.

As cartas de consumidores

A comunicação é sempre uma via de duas mãos, ou seja: se por um lado a Nestlé investe em um trabalho de divulgação de novos usos de seus produtos junto ao público consumidor, é de se esperar que haja uma contrapartida, algum movimento de retorno a tal divulgação. O Centro Nestlé de Economia Doméstica, criado em 1960 para desenvolver usos culinários para os produtos Nestlé, inicialmente não se ocupava em receber e atender de modo estruturado e sistematizado os consumidores que procuravam a empresa.

É no ano de 1976 que o Centro de Economia Doméstica se transforma em Centro Nestlé de Informação ao Consumidor, ampliando sua área de atuação para além do envio de receitas, no mesmo ano em que surge o Grupo Executivo de Proteção ao Consumidor (Procon) em São Paulo. A preocupação da empresa era estabelecer um diálogo direto com seus consumidores, detectando possíveis problemas antes que ganhassem proporções maiores. Junto a tal preocupação, estava a percepção de que os consumidores bem atendidos atuariam como formadores de opinião em seu grupo social. Um estudo realizado na Nestlé da Suécia indicava que cada atendimento realizado poderia ser multiplicado por 500, dado o poder de propagação dessas pessoas e do fenômeno boca a boca. Segundo Débora Fontenelle, a transposição desse dado para a realidade brasileira atingiria uma dimensão ainda maior:

> [...] então, essas pessoas que são ouvidas, que são individualizadas, que são tratadas, eu acredito que essa irradiação que elas façam seja duradoura. Ela vai repetir aquilo, ela foi alvo de atenção; ela percebeu isso, ela sabe um pouco mais que o outro, então ela sabe do que é feito o produto, como é feito o produto. Eu acredito muito nesta força de irradiação. (Nestlé Centro de Memória, 1982, p. 20)

A Nestlé foi, então, a pioneira na estruturação do serviço de "correio do consumidor", criando um endereço de caixa postal específico para este fim. E foi seguida, no início dos anos 1980, por outras grandes empresas como a Johnson & Johnson, Sadia (pioneira no serviço de ligações gratuitas através de linha 0800), Rodhia, dentre outras, até a implantação do Código de Defesa do Consumidor (em 1990), definir a obrigatoriedade do serviço para todas as indústrias. Os meios adotados pela empresa para comunicar esse novo serviço de atendimento foram os rótulos dos produtos e os anúncios em revistas, com uma espécie de assinatura que diz: "Para obter mais informações e receber receitas deste produto escreva para". Na década de 1980, 30% do movimento do correio do consumidor Nestlé era endereçado para a linha Maggi (temperos, caldos, sopas e bases salgadas). Como produto isolado, o Leite Moça respondia pelo maior número de cartas ("manifestações", na linguagem adotada pela companhia), seguido pelo creme de leite. O grande volume de cartas recebidas pela empresa[51] era gerado pelos pedidos de receita (cerca de 75% das manifestações). Em seguida, vinham os pedidos de doações, sugestões e informações. O nível de queixas ou reclamações girava em torno de 3% a 5%, e eram tratadas como prioridade. A tentativa era dar um caráter pessoal às respostas, fugindo dos "modelos-padrão".

No caso da consumidora específica que escrevia para a marca Moça, havia um perfil traçado pela empresa: uma mulher mais tradicional que raramente fazia reclamações. Seu objetivo era solicitar receitas por meio de cartas mais simples, chegando inclusive a enviar o rótulo do produto assinalando a frase "para receber outras receitas escreva para".

Durante a fase de pesquisa no acervo da Nestlé, foram encontradas algumas dessas cartas oriundas do Centro Nestlé de Informação ao Consumidor que migraram para o Centro de Documentação e Memória quando a empresa se mudou para um novo endereço em São Paulo. Cartas que foram preservadas porque faziam parte de relatórios semestrais cujo objetivo era dar transparência ao serviço prestado pelo Centro. Localizaram-se registros das décadas de 1980, 1990 e do ano 2002 e, mesmo considerando esse "crivo ideológico" que garantiu sua manutenção, entende-se que revelam parte do poder de penetração

[51] Dados referentes às décadas de 1980 e 1990.

da marca junto ao público consumidor. De um total de 163 cartas endereçadas às várias linhas de produtos encontradas nessas pastas, 52 foram destinadas ao Leite Moça e 14 para a empresa de modo genérico. Todas elas estavam grampeadas ao envelope original, o que possibilitou identificar endereço completo, data e nome do remetente. Não mencionaremos nomes e tampouco transcreveremos as cartas para preservar a relação de confidencialidade estabelecida entre a empresa e seus consumidores. Relatamos apenas a ideia central das correspondências no que tange ao tema abordado neste livro.

Cartas dirigidas à Nestlé e à revista Nestlé e Você

Carta 1

Consumidora do estado do Rio Grande do Sul, 2002

A consumidora ressalta que não deseja solicitar nada; sua motivação é o sentimento de gratidão por ter recebido a revista [a *Nestlé e Você* foi enviada aos consumidores cadastrados na base de dados da empresa], atitude que é entendida como um gesto de atenção especial da companhia para com ela. Muito embora tivesse conhecimento de que fazia parte do cadastro (já havia entrado em contato com a Nestlé anteriormente), jamais esperava receber uma publicação que oferecia as receitas que ela tanto apreciava. O fato curioso é que os elogios vêm entremeados por menções à sua vida pessoal – situações de doença de familiares são relatadas de modo bastante detalhado, denotando proximidade e confiança estabelecidas entre ela e a marca Nestlé.

CARTA 2

Consumidora do estado de São Paulo, 2002

Após relatar sua árdua rotina de trabalho, com tempo livre bastante escasso, a consumidora agradece as receitas contidas na revista: são práticas e ajudam no preparo de um jantar rápido e, ao mesmo tempo, saboroso. O elogio é endereçado especificamente aos produtos da linha Maggi, que, no entender da consumidora, literalmente "salvam a noite". Em seguida, ela menciona que também reproduz as receitas na casa onde trabalha, e que lá as receitas também fazem muito sucesso. Esse último comentário deixa transparecer que, ao menos nesse quesito, as barreiras de ordem econômica, social e cultural são minimizadas. Portanto, a receita oferecida pela empresa teria, nesse aspecto, um caráter quase "democrático".

CARTA 3

Consumidora do estado de São Paulo, 2002

O elogio aqui é para o meio de comunicação em si. A troca de informações via correio, que, nesse período, começa a ser desativado por várias empresas em detrimento de canais mais rápidos como a internet, continua a ser mantido pela Nestlé. A consumidora em questão, provavelmente excluída da revolução tecnológica, admira a Nestlé por favorecer a todos os seus consumidores, tanto os inseridos no mundo "moderno e evoluído" quanto os que ficam à margem do processo.

CARTA 4

Consumidora do Distrito Federal, 2002

A consumidora agradece pelas receitas contidas na revista fazendo uma declaração significativa: com elas, o ato de cozinhar deixa de ser uma obrigatoriedade para se tornar um prazer. Os produtos oferecidos pela empresa surgem em um cardápio que está em consonância com os padrões do mundo contemporâneo, e esse parece ser o atributo responsável pela transformação de um ato rotineiro se tornar uma atividade criativa, reconhecida e prazerosa.

Carta 5

Consumidora do estado de São Paulo, 2002

A consumidora, que já faz uso habitual dos caldos Maggi, inicia a carta agradecendo pelas receitas enviadas. Como já conhece o serviço prestado pela empresa e tem confiança nele, ela dá um passo adiante e pede auxílio em uma nova empreitada – o preparo e a comercialização de trufas de chocolate. Além da receita em si, a consumidora busca esclarecer vários tipos de dúvida, como o tempo e o tipo de resfriamento que deve utilizar, além do papel mais apropriado para embalar o produto. O final da carta é emblemático: "por favor, me ajudem".

Análise das cartas

Essas cinco correspondências foram identificadas pela empresa como "cartas especiais", sob o título "Elogios". Sem dúvida, o tom é de agradecimento por determinados serviços prestados. No entanto, além do elogio, elas revelam pelo menos três categorias distintas de motivação para serem escritas:

- criação de um vínculo emocional e de confiança;
- respeito por uma marca "rica" que respeita os consumidores mais pobres;
- fonte confiável para a construção de conhecimento culinário e de novas receitas.

A primeira e a segunda cartas expressam o vínculo emocional que parte dos consumidores desenvolve com esse tipo de serviço empresarial. Em tempos de individualismo e de quebra de laços familiares, a pessoa que assina a correspondência (às vezes um nome fictício, às vezes o nome da pessoa responsável pelo atendimento, mas nunca um "setor", no caso da Nestlé) envia regularmente cartas em tom simpático e trata o destinatário pelo primeiro nome, sem utilizar a fórmula "prezado(a) consumidor(a)". Assim, acaba tornando-se uma figura próxima e amiga, capaz de ouvir e acolher os problemas cotidianos. Algumas cartas trazem fotografias, colagens, recortes de jornais e de embalagens com o logotipo da empresa e dos produtos favoritos. Crianças enviam desenhos, outros fazem poesias e acrósticos, enviam matérias da cidade natal, recortam o papel de carta em formato de coração, pintam margens nas folhas.

A segunda carta reforça esse aspecto ao descrever a rotina de uma empregada doméstica, que vê nos produtos Nestlé – notadamente os da linha Maggi, de menor desembolso – a solução rápida para o preparo de refeições depois de um dia cansativo de trabalho. O fato de encontrar a revista em casa, à sua espera, é percebido como uma deferência, um sinal de respeito e apreço a pessoas que passam incógnitas em sua esfera profissional e, muitas vezes, também, no âmbito social. E, por caminhos tortuosos, o vínculo de confiança e, talvez, o de fidelidade à marca têm possibilidade de se estabelecer.

A terceira carta parece ter por motivação o sentimento de respeito pela marca projetada na figura de um possível dono da Nestlé que, mesmo sendo "rico", não se esquece dos menos favorecidos. Revela também como as novas ferramentas desenvolvidas na *web* modificaram o modo operacional de postagem de receitas, enviando malas-diretas eletrônicas para endereços de *e-mail* e abrindo o acesso ao banco de receitas via *site*, deixando à margem do processo uma parcela da população que não conta com o instrumental básico para inserção nesse novo mundo digital. E, se considerarmos que parte dos consumidores que solicitam regularmente receitas às empresas de alimentos é formada por empregadas domésticas, cozinheiras e pessoas que fazem bolos e doces sob encomenda, a restrição ao envio tradicional de receituários impressos via correio (com alto custo para a empresa) passa a ser encarada como uma restrição severa, com conotação de punição.

A quarta e a quinta cartas mostram como a empresa interfere e modifica os hábitos alimentares (obrigação que se transforma em prazer) ao ensinar e fornecer receitas adaptadas aos seus produtos, que podem se transformar em uma fonte de renda.

As cartas selecionadas a seguir foram postadas especificamente para o Leite Moça, e algumas delas contam com cópias das respostas enviadas pela empresa. Estavam acondicionadas em pastas suspensas com o título "Cartas Significativas". Nem todas são elogios – há também dúvidas sobre a execução de receitas, pedidos de receitas antigas, solicitações e muitos pedidos de informação, sobretudo nas cartas das décadas de 1990, sugerindo talvez que o nível de exigência por parte dos remetentes tenha aumentado com as discussões sobre direito do consumidor travadas na época. Difícil foi eleger quais seriam as mais representativas. Trata-se de um material rico, que retrata em boa medida como se estabelece a relação entre a indústria de alimentos e os seus consumidores, bem como os conflitos e laços de confiança criados entre ambas as partes.

Cartas que citam o Leite Moça

Carta 1

Consumidora do estado do Rio de Janeiro, 1987

A consumidora envia docinhos feitos com Leite Moça para serem experimentados pela equipe, explicitando que são de fácil execução e que toda a decoração é comestível. Solicita a opinião dos profissionais da Cozinha Experimental, finalizando a carta reiterando o *slogan* do produto: "Você faz maravilhas com Leite Moça".

A Nestlé responde:

> Foi duplamente gostoso receber sua simpática carta: pelos elogios que você faz ao Leite Moça e pelos deliciosos docinhos que a acompanhavam. Quanto aos elogios, saiba que constituem um importante estímulo ao nosso trabalho. Quanto aos docinhos, gostaríamos muito de aprender a receita. Você poderia mandá-la para nós?

Carta 2

Consumidora do estado de São Paulo, 1987

A motivação para o envio da correspondência foi uma dúvida na execução de uma receita – uma torta doce cujo recheio ficou bom, mas que não apresentou bons resultados na massa. A consumidora solicita o auxílio da empresa para entender em que ponto havia errado.

A Nestlé responde:

> Estamos anexando nova receita da Torta Enrolada de Banana. As modificações foram necessárias por dois motivos: primeiro, pelo fato de o Leite Moça Chocolate, que aparecia anteriormente como ingrediente, ter saído de linha de fabricação; segundo, porque de fato, como você constatou, a versão original carecia de mais clareza nas explicações. Esperamos que, agora, você consiga fazer a torta sem maiores problemas. De todo modo, ficamos à disposição para resolver qualquer dúvida que ainda surja. Neste caso, telefone para 255-8033: teremos o maior prazer em atendê-la.

Carta 3

Consumidora do estado de São Paulo, 1987

A remetente declara-se consumidora Nestlé assídua, pede receitas atuais e a de um livro antigo, recebido em 1967 em um Salão da Criança do Ibirapuera e que acabou se perdendo com o tempo. O simples fato de procurar a empresa vinte anos depois para solicitar um receituário demonstra a relação de apreço e o vínculo emocional estabelecido ao longo dos anos.

A Nestlé responde:

> Em atenção a sua simpática carta, informamos que a publicação por você referida já se esgotou há muitos anos. Infelizmente, não dispomos de mais nenhum exemplar para lhe fornecer. De todo modo, já lhe remetemos em separado as publicações que temos no momento em disponibilidade [...].

Carta 4

Consumidora do estado do Rio de Janeiro, 1987

A consumidora elogia a empresa, pede receitas e sugere a colocação de brindes (livros de receitas, luvas, aventais etc.) nas cartas. Entretanto, sua principal solicitação é a implantação de um curso de culinária gratuito, fornecido pela empresa, para pessoas de "renda familiar média baixa". Sugere, ainda, que os cursos sejam oferecidos em redes de supermercados em horários fora do expediente convencional. Finaliza solicitando a ajuda da Nestlé para que "a mulher encontre um espaço para ela" dentro de uma "nova cozinha brasileira".

A Nestlé responde em forma de tópicos:

> 1. Já providenciamos a remessa das receitas que você nos solicitou. 2. Estamos sempre realizando promoções com produtos, muitas das quais incluindo brindes do tipo que você nos propõe [...]. 3. Os serviços do Centro Nestlé de Informação ao Consumidor limitam-se a dois itens básicos: fornecer informações sobre nossos produtos e divulgar receitas com eles preparadas. A manutenção de cursos de culinária escapa a esses objetivos e não está em nossos planos, pelo menos a médio prazo. Esperamos, contudo, que as receitas que remetemos possam ajudá-la um pouco mais.

Carta 5

Consumidora do estado de São Paulo, 1988

A consumidora agradece pelas receitas que recebeu de Nescau, pede outras com Leite Moça e pergunta se o produto é nutritivo e se existe algum problema em consumi-lo com frequência, já que seus filhos o utilizam para tudo, inclusive para passar no pão.

A Nestlé responde enviando receitas e a composição da linha de leites e esclarece que:

> Como você verá, o Leite Moça é um alimento saudável e nutritivo, e portanto faz bem ao organismo – a menos, é claro, que seja consumido em exagero. Como você tem dúvidas sobre se a quantidade de Leite Moça ingerida por seus filhos é excessiva, sugerimos conversar com um médico de confiança: só ele, conhecendo as crianças de perto e tendo uma visão completa de seus demais hábitos alimentares, pode dar uma orientação segura a respeito.

Carta 6

Consumidora do estado de São Paulo, 1991

A consumidora escreve pedindo receitas, já que sua mãe, cozinheira e caseira numa residência de praia, coleciona os livros e não os empresta de jeito nenhum. Relata que os patrões da mãe, quando vão para a casa de praia, adoram os doces preparados pela caseira, todos elaborados com Leite Moça e creme de leite. E que, quando compram outra marca de leite condensado, a funcionária rejeita e os faz trocar. Neste caso, a fidelidade à marca torna-se nítida – foi o primeiro produto, é o que cria e ensina novas receitas, torna-se o preferido.

A Nestlé responde enviando os livros solicitados, orientando para que a consumidora escrevesse para a empresa a cada três meses, a fim de receber novos materiais. A empresa solicita que, se possível, a consumidora liste os exemplares que já possui, para evitar duplicidade. Reforça e agradece o episódio da troca de produtos:

> Foi com satisfação que lemos o episódio que você nos relatou, no qual sua mãe fez questão de comprar o leite condensado de nossa marca, o Leite Moça. Saiba que, para nós, é sempre gostoso entrar em contato com pessoas amáveis e gentis como você e sua mãe, que depositam grande confiança em nossa marca.

Carta 7

Consumidora do estado de São Paulo, 1991

A consumidora declara-se admiradora e fiel consumidora dos produtos Nestlé, solicita folhetos de pães e pudins, elogia a chamada no rótulo de Leite Moça sobre os cuidados para abrir a lata após o cozimento e sugere que essas informações sejam veiculadas nos anúncios do produto. O uso do produto em receitas de doces, uma exclusividade brasileira, é atribuída à figura de Henri Nestlé (que, como vimos anteriormente, produziu apenas um produto – a farinha láctea): "[...] será que o sr. Henri Nestlé, quando criou o leite condensado, tinha ideia das infinitas utilidades que teria para todos nós?".

A Nestlé agradece os elogios, envia os materiais que tem disponíveis e explica o procedimento de envio de receitas. Agradece também a sugestão sobre maior divulgação nos cuidados para abertura da lata após o cozimento:

> Gostaríamos de informar que nossos profissionais de marketing pesquisam continuamente a criação de novas formas de informar e entrar em contato com os consumidores. Assim, nada impede que no futuro venhamos a veicular um comercial com esse tipo de informação [...].

Análise das cartas

São muitas as motivações que parecem nortear o consumidor na hora de escrever "para" o Leite Moça. A remessa de cartas não é um processo tão simples quanto o envio de *e-mails*: é preciso tempo para redigir (pela grafia observada, muitas pessoas têm sérias dificuldades com a forma escrita), ir até uma agência de correio e ainda fazer o desembolso da postagem. Além de pedir receitas, elas procuram o serviço para partilhar experiências, relatar sua fidelidade e seu carinho à marca e também pedir informações sobre a melhor forma de manusear o produto. Pessoas diabéticas, nos anos 1980, escreveram para sugerir que o produto fosse lançado em versão *diet*. Mães preocupadas com o valor calórico do produto perguntam se o filho pode consumir Leite Moça com o pãozinho. Outras chegam a enviar o doce feito em casa, como um gesto de agradecimento e, ao mesmo tempo, de aprovação a pessoas que, a seu ver, são especialistas na arte da doçaria.

O público que escreve para o Leite Moça é basicamente feminino, embora sejam encontradas cartas de homens (alguns se declaram engenheiros; outros, químicos), que questionam a funcionalidade da lata e as alterações organolépticas no produto. Dúvidas quanto ao escurecimento do Leite Moça (produto fechado) com o passar dos meses são recorrentes. A empresa desenvolveu uma resposta-padrão para esclarecer dúvidas assim, explicando que, com o passar do tempo, o açúcar começa a caramelizar, processo este que não altera em nada a qualidade do produto. Parece não haver cartas-modelo, mas sim parágrafos com respostas às perguntas mais frequentes, que são "costurados" por uma pessoa ou por um departamento da empresa. Referências a rótulos e anúncios que passam a ser colecionados e a compor cadernos de receitas são frequentes, sugerindo que o antigo caderno de família sobrevive de outra maneira,[52] não raro com o acréscimo de recortes de jornais e de *folders* enviados. Cartas de pessoas simples que solicitam cursos de culinária com receitas de baixo custo e de pessoas que pedem receitas "para fazer e vender para fora" também ocorrem com frequência, indicando que a marca Moça e, de modo geral, a Nestlé tornaram-se autoridade e referência no ensino da culinária para determinados setores da população. A carta que faz menção ao nome de Henri Nestlé demonstra a força da imagem da marca e do nome que a empresa conquistou no mercado brasileiro. A repetição de bordões criados na década de 1960, como fez a consumidora do Rio de Janeiro ("Você faz maravilhas com Leite Moça"), também reforça a ideia de que a estratégia culinária adotada pela companhia obteve sucesso. Vale ressaltar, entretanto, que nem a Nestlé tampouco o Leite Moça são casos isolados. A Refinações de Milho Brasil (hoje Unilever), com receitas feitas com Maisena, o açúcar União, a Royal, a Sadia, dentre outras, seguiram caminho semelhante, e é traço comum ver que o consumidor que escreve para determinada empresa também escreve ou telefona para outras, sempre com o intuito de receber receitas.

---

[52] O "caderno virtual", ferramenta disponível no *site* de várias empresas de alimentos, é uma tendência.

Empresas de equipamentos domésticos, como a Walita, também investiram em ações de culinária, a fim de criar novos hábitos de consumo que arcassem com as vendas, como ocorreu com o liquidificador. Esse assunto será tratado no próximo capítulo, que traz a história da Walita e sua "escolinha", como foi carinhosamente chamada por suas alunas a partir dos anos 1950.

A indústria de eletrodomésticos na educação culinária

❖ Walita: eletrodomésticos *made in Brazil*

No caso do Leite Moça, constatou-se que foi preciso adaptar receitas da doçaria brasileira para viabilizar as vendas do produto, e com isso se criou uma nova maneira de preparo de doces e sobremesas. No exemplo do fogão a gás também foi feita uma adaptação, sendo necessário o advento de novos parâmetros de controle da chama e dos tempos de cozimento, sobretudo para os assados. Nessas duas situações, a categoria de uso já existia, e o trabalho desenvolvido pelas empresas foi o de adequar esse uso ao modo "moderno" de cozinhar, oferecendo atrativos como a redução do tempo gasto nas operações, agregando simplicidade ao preparo e, em alguns casos, trazendo economia de ingredientes.

Entretanto, com os pequenos equipamentos elétricos que passaram a fazer parte do universo culinário a partir da década de 1940, a situação foi um pouco diferente. Alguns deles não se encaixavam nas categorias até então conhecidas. No caso da batedeira elétrica para bolos, a tarefa era mais simples – bastava ensinar como ganhar a aeração necessária para que a massa pudesse crescer no forno a gás, com o benefício da redução no tempo de preparo. Mas e no caso do liquidificador? Qual seria a sua função? Não era possível dizer que ele substituiria o ralador, a peneira ou, ainda, o moedor de carne e de grãos. Ele era algo que trazia um pouco de todas essas funções, mas que oferecia um resultado final diferente. Era preciso, então, ensinar a função e o modo de operação dessa novidade do mundo moderno, e isso foi feito de uma maneira bastante incisiva pela Walita. Brian Owensby lembra que a atmosfera urbana de cidades como Rio de Janeiro e São Paulo contribuía para a aceitação desses novos bens de consumo, na medida em que a aquisição de bens relacionados à energia elétrica, o principal ícone da modernidade, seria uma das possibilidades de inserção no desejado mundo moderno:

> O sentimento aprofundado de ter que possuir certos objetos "modernos" – rádios, refrigeradores, telefones, tapetes, máquinas de escrever, máquinas de costura – sinalizou uma transformação no significado social de consumo: a própria ideia de "necessidade" estava se modificando à medida que as oportunidades de compra se expandiam dramaticamente. Uma maior e melhor variedade de produtos foi disponibilizada para a grande população de modo sem precedentes. (Owensby, 1999, p. 112)

No final dos anos 1930 e início da década de 1940, já era possível encontrar alguns liquidificadores importados, que passaram a fazer parte da cozinha urbana das famílias mais abastadas. A história do liquidificador no Brasil (e depois de vários outros aparelhos que se valiam de motores elétricos voltados para as tarefas domésticas, como misturadores para massas, batedeiras, centrífugas, torradeiras, enceradeiras, ferro de passar roupa, etc.) se confunde com a trajetória de vida do homem que, em 1939, resolveu investir na produção nacional de eletrodomésticos, o engenheiro Waldemar Clemente. O nome de sua empresa trazia consigo as sílabas iniciais de seus proprietários: "Wal", de Waldemar, e "Lita", de sua esposa. O logotipo criado, com o W estendido "abraçando" as demais letras da palavra, também foi inspirado em sua assinatura pessoal.

Segundo Danilo Gava Caim, funcionário que entrou na empresa como *office-boy* e 28 anos depois se aposentou como gerente nacional de Propaganda e Promoção, Waldemar Clemente já possuía experiência na produção de motores de gasogênio para carros, cuja procura foi grande no período da Segunda Guerra Mundial. Aproveitando seu *know--how* na área, dr. Waldemar, como era conhecido, resolve investir na produção nacional de eletrodomésticos, aparelhos que ele e sua esposa haviam conhecido em viagens para os Estados Unidos. Inicialmente, os aparelhos eram produzidos por meio de licenças de patentes norte--americanas, mas, com o passar dos anos, implementou-se um setor de desenvolvimento de produtos nacionais, adequados às necessidades do mercado local. O primeiro modelo de liquidificador produzido no Brasil foi o Walita Nêutron (figura 4.1), lançado em 1944.[53] O liquidificador Perfeição Absoluta, da década de 1960, trouxe como inovação o *design* – o traçado do painel frontal fazia uma homenagem às linhas do Palácio do Planalto, em Brasília. No caso das batedeiras para bolos, o primeiro modelo foi criado em 1946, com tiragem inicial de apenas 31 peças (*Família Walita*, 1955). Em 1964, data comemorativa dos 25 anos da empresa, a batedeira Jubileu foi lançada, e analisando-se os números de venda pode-se inferir que o mercado já havia assimilado a "necessidade de uso" do produto: em um mês, são comercializadas mais de 10 mil unidades. De acordo com o Sindicato de Aparelhos Elétricos e Similares do Estado de São Paulo, em 1964 a Walita era líder no segmento de liquidificadores, e a participação dos demais produtos na cidade de São Paulo, de acordo com reportagem publicada em janeiro de 1965 na revista *Visão*, apresentava-se da seguinte forma: moedores elétricos de carne: 20 mil (100%); aspiradores de pó do tipo portátil: 30 mil (83,3%); batedeiras: 55 mil unidades (58,8%); exaustores: 15 mil (57,5%); ferros automáticos: 60 mil (47,2%); enceradeiras: 35 mil (12%); ventiladores: 20 mil (10%) (*Visão*, 1965).

Em novembro de 1955, segundo a revista *Família Walita* (p. 9), a empresa alcançava a marca dos 500 mil liquidificadores produzidos no

[53] A principal concorrente da Walita nesse segmento, a Arno, entra no mercado nos anos 1950.

Figura 4.1. Liquidificador Nêutron, 1944, o primeiro modelo produzido no Brasil.
Fonte: Memória Walita. Disponível em: <http://memoriawalita.cjb.net>. Acesso em 3-5-2012.

Brasil. Uma pesquisa de mercado realizada em 1957 detectou que esse eletrodoméstico estava presente em 50% dos lares brasileiros, e em dois terços deles a marca existente era Walita (*Família Walita*, 1957, p. 16). Em 1964, a empresa atingiu a marca de 2,5 milhões de liquidificadores comercializados, valor equivalente a 48,3% do total de aparelhos produzidos no país (*Visão*, 1965). Nessa época, a Walita contava com vários outros produtos voltados para os cuidados com o lar, como ventilador, aspirador de pó, exaustor, enceradeira e ferro elétrico.

Owensby (1999) apresenta, em seu trabalho, uma pesquisa realizada pelo Instituto Brasileiro de Opinião Pública e Estatística (Ibope) nas cidades do Rio de Janeiro e de São Paulo em 1946 que lança luz sobre o consumo desses bens nas diversas camadas sociais. O rádio surge como o único elemento comum entre as classes A, B e C. Os demais itens – como automóveis, telefone, refrigeradores, toca discos, aspirador de pó, enceradeira e máquina de lavar – ficam restritos às classes A e B, com maior ênfase na classe A. Ou seja, a linha de comunicação para a venda de tais produtos deveria concentrar-se, prioritariamente, na classe A e, no caso de bens com menor grau de desembolso, categoria na qual se encaixavam os liquidificadores e batedeiras Walita, também na classe B.

Mas qual teria sido a estratégia encontrada por Waldemar Clemente para conquistar esse mercado que até então era desconhecido pela classe média brasileira? Além dos manuais que acompanhavam os aparelhos, que contavam com receitas e informações gerais sobre o manuseio e conservação das peças, a política adotada pela empresa foi muito bem-sucedida, na medida em que, a um só tempo, conseguiu reunir o aumento das vendas com a difusão de receitas específicas para seus produtos. Esse tipo de comunicação foi conhecido em todo o Brasil, por pelo menos trinta anos, pelo nome de Escolinha Walita.

A Escolinha Walita: como tudo começou

Ainda na década de 1940, a esposa de Waldemar Clemente, em uma de suas viagens, percebeu que as demonstrações de produto, que já ocorriam com frequência nos Estados Unidos,[54] seriam o meio mais seguro para a difusão e disseminação do uso do liquidificador, primeiro item produzido pela empresa no Brasil. As primeiras atividades nesse sentido foram comandadas pela própria Lita, que organizava demonstrações para as donas de casa das classes mais abastadas em chás promovidos no Clube Paulistano. René Roberto Campanha, ex-diretor da Walita, relata:

[54] As demonstrações de produtos em entidades sociais e também em domicílios, no formato de reuniões e chás entre amigas estavam "na moda": as revendedoras Avon, bem como as promotoras de utensílios de cozinha da linha Tupperware, são dois marcos desse tipo de venda associada à demonstração prática.

> [Lita] chegava lá e levava um liquidificador. Tinha umas dez ou doze pessoas e ela ia mostrar durante o chá as maravilhas da tecnologia. [...] Ela desenvolveu as técnicas de comercialização do produto. Ela pensou em como poderia fazer com que o produto fosse conhecido [...]. Ela começou a dar um tratamento para o produto, ela descobriu uma ferramenta; até no primeiro momento intuitivamente [...] ("Uma delícia de história", s/d, p. 1)

Ao contrário do fogão a gás, os liquidificadores e batedeiras elétricas tinham como público-alvo as próprias donas de casa, e não suas criadas. O apelo era a rapidez, a ausência de sujeira e o fim do trabalho pesado, atributos sintetizados em uma palavra: modernidade. A força da energia elétrica fazia o trabalho pesado de descascar, ralar, picar, moer. Alguns materiais publicitários explicitam esse direcionamento ao mencionarem as múltiplas funções do liquidificador – além de fundamental na cozinha, ele também era indispensável nas copas, área reservada à dona da casa, onde eram preparadas as mamadeiras e os sucos dos bebês, os lanches das crianças e os doces delicados (figura 4.2). Carlos Lemos trata especificamente dessa questão ao analisar as transformações físicas ocorridas nos domicílios paulistas. A presença da edícula, área destinada aos serviçais, assim como a copa, anexa à cozinha interna, seriam espaços típicos das camadas mais abastadas da sociedade, expandindo-se, em seguida, com algumas adaptações, para a classe média:

> Enquanto na casa da avenida Paulista a copa era o lugar da "copeira" lavar os utensílios da mesa de refeições, o lugar da pajem alemã preparar a papinha do infante recém-nascido, o lugar da austera senhora elaborar o seu doce requintado e a área isoladora entre a família e a cozinheira, na casa modesta a copa também serviu de local de refeições. [...] A copa tornou-se o local de estar preferido da família de classe média. A partir do início da década de 30, ganhou mais um habitante, o rádio. (Lemos, 1978, p. 150)

Figura 4.2. Anúncio da Walita em 1953 reforça a imagem do produto como item desejado por uma dona de casa de aparência impecável.

Fonte: Memória Walita. Disponível em: <http://memoriawalita.cjb.net>. Acesso em 3-5-2012.

Impecavelmente arrumada para agradar ao marido que chegava cansado do trabalho, essa mulher dos anúncios publicitários tornou-se um padrão amplamente reproduzido em vários canais de comunicação. A autora Elizabete Martins analisou os efeitos dos estereótipos veiculados pela publicidade até a década de 1980:

> À mulher está destinado, na sociedade brasileira, o *status* básico referente à família: esposa, mãe, dona-de-casa [...]. A aceitação do estereótipo pelo grupo feminino e por qualquer grupo em geral, faz com que a base real, antes frágil ou mesmo inexistente, passe a ser real, num processo de realimentação e validação da imagem. Os clichês da mente passam, então, do plano da fantasia para a realidade. (Martins, 1982, pp. 34 e 36)

Carla Bassanezi, em seu artigo intitulado "Mulheres dos anos dourados", ressalta a força do discurso dirigido às mulheres de classe média: seria fundamental que dominassem de modo exemplar as prendas do lar. Segundo a autora, "o bom desempenho nas tarefas domésticas, especialmente cozinhar bem, era visto como uma garantia de conquista do esposo e manutenção do casamento: a mulher conquista o homem pelo coração, mas poderá conservá-lo pelo estômago" (Bassanezi, 2007, p. 627). Assim, as novidades elétricas encontraram seu nicho de mercado ao acenar com uma solução a uma demanda do discurso oficial destinado à mulher – enfim, a dona da casa de classe média, que não poderia contar com várias empregadas, poderia ocupar-se do lar, cuidando da alimentação dos filhos e do marido sem ter de se submeter ao trabalho "pesado", ao labor (figura 4.3).

Figura 4.3. A publicidade na revista *Seleções Reader´s Digest*, de 1951, ressalta a ajuda proporcionada pelos modernos eletrodomésticos.
Fonte: Philips/Walita.

As demonstrações feitas por D. Lita no Clube Paulistano repercutiram positivamente, gerando curiosidade sobre o produto e o desejo de adquirir um aparelho. Segundo documento do Centro de Memória Walita, Waldemar Clemente decidiu, em 1953, investir nesse tipo de demonstração prática e, para isso, colocou um anúncio no jornal, procurando por demonstradoras. Apresentaram-se algumas moças, entre as quais duas ficaram como finalistas. O teste decisivo seria preparar um bolo: "Eu fiz um bolo simples, mas cresceu tanto que, por causa dele, eu fiquei como chefe. Esse bolo abriu caminho. Eu fui me dedicando a essa parte de culinária, ia elaborando as aulas, o receituário...", conta Jandira de Barros Guedes, responsável pelo conteúdo dos cursos, desenvolvimento de receitas e instruções dos manuais de produtos no início da Escolinha Walita. As demonstrações práticas passam a ocorrer dentro de grandes lojas de departamento da cidade de São Paulo, como Mappin e Mesbla, sempre causando impacto positivo nas vendas de eletrodomésticos. Preocupado em qualificar adequadamente as demonstradoras, Waldemar Clemente trouxe um professor de culinária da Suíça, que as treinou a trabalhar com os aparelhos e a desenvolver receitas. Assim, abriu-se um novo ramo de atividade trilhado por várias mulheres à procura de uma oportunidade profissional, mulheres que trabalharam para as indústrias de alimentos e eletrodomésticos como se fossem extensões das próprias empresas: as professoras de culinária, assunto que será tratado adiante ao relatar a trajetória da culinarista Marilene Piedade.

Além das demonstrações em lojas, a Escolinha Walita ganha uma sede, para acomodar melhor as senhoras que assistiam em pé às demonstrações nos grandes magazines. Instalada na rua Conselheiro Crispiniano nº 120, 8º andar, a escolinha contava com uma cozinha experimental e também com uma sala para aulas demonstrativas.[55] Cerca de oito anos depois, a Walita compra um prédio na rua 24 de Maio, e a escolinha é transferida para um espaço maior, que acomodava cerca de 70 alunas sentadas. Segundo relato de Jandira, as aulas aconteciam

[55] Na cidade do Rio de Janeiro, a Walita também implantou uma escolinha fixa, situada na rua México.

de segunda à sexta-feira nos períodos da manhã, tarde e noite. A procura pelas aulas aumentava, e a percepção de que era necessário investir no ensino de receitas especificamente voltadas para o perfil feminino da jovem esposa,[56] que, em tese, estaria mais aberta e que valorizaria as novidades do "mundo moderno", fez com que a atividade se expandisse. Além das demonstrações nas lojas e nos pontos fixos no centro de São Paulo e do Rio de Janeiro, a escolinha torna-se itinerante, aumentando consideravelmente seu raio de ação e difusão. Jandira dá início a esse trabalho na primeira década. Valdomira Borges Serapião, que havia sido treinada por Jandira, dá seguimento à atividade.

Danilo Caim, ex-gerente nacional de vendas da Walita, rememorou o funcionamento desses cursos móveis durante entrevista realizada para esta obra. Segundo ele, o objetivo central dos cursos era instituir o hábito de uso dos produtos Walita. Essa era a principal barreira a ser quebrada, pois, uma vez criado o hábito, o caminho estaria aberto para a venda de outros modelos mais sofisticados e com mais acessórios. Em um primeiro momento, as aulas eram ministradas por uma equipe de seis a sete instrutoras, que se deslocavam para entidades sociais como Lyons Club, Rotary Club, etc. A escolha das cidades era feita conforme o número de estabelecimentos comerciais significativos para a Walita, inicialmente os localizados no interior dos estados de São Paulo, Minas Gerais e Rio de Janeiro e, depois, em todas as regiões do Brasil. A instrutora viajava até a cidade com um "enxoval" completo – equipamentos, livros de receitas e ingredientes necessários eram previamente separados. Geralmente a escolinha permanecia na cidade por quinze dias, realizando aulas com cerca de duas horas de duração nos períodos da tarde e da noite. Um mês antes de chegar à cidade, era feita a divulgação do evento – contratavam-se anúncios nas rádios e jornais locais, fixavam-se cartazes e faixas nas próprias lojas, e a divulgação boca a boca fazia o restante do trabalho. Cada lojista possuía uma cota previamente estabelecida de inscrições para oferecer às suas clientes, o

[56] Atualmente, esse tipo de atividade se faz presente nos canais televisivos de compra, que, ao apresentarem os produtos em funcionamento, reforçam seus atributos positivos e ao mesmo tempo despertam o desejo de compra no telespectador, a compra por impulso.

que, segundo Danilo, nem sempre era suficiente: "Como havia muitos revendedores, às vezes, tínhamos um excesso de alunas, que, por sua vez, se dispunham a ficar em pé para poder assistir às aulas" (Caim, 2009).

A mobilidade da escolinha também acabou fazendo com que receitas regionais fossem divulgadas em outras localidades, potencializando o processo de intercâmbio culinário e, em certa medida, fazendo com que as receitas valorizadas nos grandes centros urbanos, sobretudo em São Paulo, chegassem às regiões mais distantes, como Feira de Santana, na Bahia, onde a escolinha também atuou.

As gestantes representavam um segmento específico no perfil da consumidora do liquidificador, uma vez que ainda não havia a oferta de papinhas prontas. Enquanto a indústria de alimentos dava os primeiros passos no desenvolvimento de produtos para o público infantil,[57] a Walita divulga receitas destinadas nesse segmento.

O manual de instruções do liquidificador Perfeição Absoluta, de 1961, além de receitas específicas para crianças (figura 4.4), traz dicas de como cuidar da alimentação do bebê, ajustando o preparo de sucos de frutas e legumes ao liquidificador:

> Para extrair, no Liquidificador Walita, o suco destinado ao seu bebê, proceder da seguinte maneira: Lavar bem o copo. Escaldar o jogo de aço (faquinhas). Secar muito bem. Cortar os tomates em pedaços, ligar o Liquidificador Walita e jogar os pedaços de tomate no copo. Bater bem. Cobrir um copo com uma gaze fina, esterilizada, e coar o suco de tomate. Proceder desta maneira com as frutas. Para garantir a saúde de seu filhinho, leve-o periodicamente ao pediatra e siga religiosamente os seus conselhos. (*Atualidades Walita*, 1961, p. 25)

[57] Joaquim Caldeira da Silva (1990) faz um apanhado desse período em seu artigo sobre a origem dos supermercados, um conceito também novo que surgiu no Brasil a partir do final da década de 1940. O hábito da compra em mercearias e quitandas, onde o próprio dono do estabelecimento entregava ao cliente o produto desejado, era o sistema vigente até então. E, nesse sentido, o conceito do supermercado foi uma revolução. Segundo o autor, a primeira loja de autosserviço é implantada na cidade em 24 de agosto de 1953, no número 2.581 da rua da Consolação. Era o Sirva-Se, de Raul Borges e de Pacheco de Castro, que recorrem a Mario Wallace Simonsen, a Julio da Cruz Lima e a Nestor Sozio para serem os investidores. Em 1954, Raul Borges e Pacheco de Castro unem-se a Eduardo Caio da Silva e depois a Philipe Maurice Allain, criando a cadeia Peg-Pag, que, ao longo de vários anos, foi o ícone desse tipo de estabelecimento comercial.

SOPA DE TOMATE

4 tomates regulares
3 batatas cozidas
2 ovos cozidos
Cheiro verde

Preparar o caldo de carne como de costume. Triturar os tomates no liquidificador. Juntar as batatas e o cheiro verde. Ligar o liquidificador e acrescentar o caldo, até encher o copo. Levar ao fogo, para uma ligeira fervura. Cortar os ovos em pedacinhos, colocá-los na terrina e deitar a sopa sôbre os mesmos.

OMELETE SIMPLES

3 ovos
3 colheres das de sopa de leite ou creme
Sal

OMELETE À "CONFITEUR"

Bater no Liquidificador Walita:
3 ovos
1 pitada de sal
Fritar o omelete

No liquidificador, bater 50 g de goiabada. Rechear o omelete com goiabada batida. Polvilhar com açúcar e queimar com ferro em brasa, formando desenhos. Levar para a mesa, orvalhar com rum e pôr fogo.

OMELETE COM QUEIJO

3 ovos
3 colheres das de sopa de leite ou creme
½ xícara de queijo prato, picado em cubos
Sal

OMELETE COM GALINHA

3 ovos
3 colheres das de sopa de leite ou creme
½ xícara de galinha cozida e picada
Sal

OMELETE COM "BACON"

3 ovos
3 colheres das de sopa de leite ou creme
2 fatias de "bacon", levemente torradas
Sal

OMELETE COM CAMARÃO

3 ovos
3 colheres das de sopa de leite ou creme
1 xícara de camarão cozido e picado
Sal

OMELETE COM PRESUNTO

3 ovos
3 colheres das de sopa de leite ou creme
½ xícara de presunto picado e
Sal

Quem tem Walita tem tudo!

receitas para crianças depois da 1.ª infância

As próximas receitas são oferecidas especialmente para a senhora que tem criancinhas em casa.

O que era antes um trabalho exaustivo e demorado, será hoje — com o seu maravilhoso WALITA — uma questão de segundos. Verá como é fácil moer carnes, liquidificar vegetais ou frutas, combinar alimentos e substâncias variadas. E WALITA retém todo o valor nutritivo dos alimentos e as vitaminas tão preciosas a êsses pequenos organismos em crescimento. A senhora não compreenderá como foi possível viver sem WALITA por todo êsse tempo!

Estas mesmas receitas poderão ser aplicadas às dietas especiais de pessoas idosas e convalescentes.

Aqui está uma idéia interessante:

— Seu filhinho, provàvelmente, como tôdas as crianças, não gosta de tomar remédios. Experimente misturá-los no seu WALITA com sucos ou vegetais que êle prefere. Mas antes, pergunte ao seu médico quais os alimentos e substâncias necessárias. Quanto ao trabalho, deixe por conta do seu WALITA!

Conforme a idade da criança, as receitas seguintes poderão ser batidas por maior ou menor espaço de tempo — 20 segundos a 3 minutos é, em geral, o limite básico. Colocar os ingredientes no liquidificador na ordem dada e ligar o motor. Caso a mistura pareça muito consistente, adicionar algumas gôtas de leite.

VITAMINA DE CENOURA

½ xícara de leite
½ xícara de cenouras cortadas em pedaços

EXTRATO DE FÍGADO

½ xícara de leite em pó
100 g de fígado cru em pedaços
1 colher das de sopa de chocolate maltado em pó, dissolvido em leite
1 pitada de sal

VITAMINA DE TOMATE

⅓ de xícara de leite em pó
½ xícara de tomate picado

VITAMINA DOURADA

1 ôvo
1 colher das de sopa de suco de limão
½ laranja, descascada e sem sementes
2 colheres das de sopa de açúcar ou mel

SOPA DE VEGETAIS

1 xícara de caldo de carne
Alguns pedaços de cenoura crua
¼ de batata crua, sem casca
¼ de tomate cru
1 fatia de cebola crua
1 folhinha de salsa
1 colher das de sopa de ervilha cozida

Depois de batida, levar a sopa ao fogo lento por 5 minutos.

Figura 4.4. Receitas para alimentação infantil no manual de instruções do liquidificador Perfeição Absoluta, em 1961.

Fonte: Memória Walita. Disponível em: <http://www.memoriawalita.cjb.net>. Acesso em 3-5-2012.

Para as crianças maiores, também são desenvolvidas dicas e receitas, dando-se enfoque às preparações com maior apelo nutricional (sobretudo no que se refere ao aporte de ferro e das vitaminas B e C).

No eixo oposto ao das crianças, está o público adulto, para o qual são criados outros tipos de receitas. A sopa substanciosa, saboreada praticamente de garfo e faca e preparada com diversos ingredientes, que, segundo Câmara Cascudo, levava leite, repolho e era conhecida como "Sopa de Cavalo Cansado" (1983, p. 584), ou ainda a Minestra introduzida pelos imigrantes italianos, repleta de legumes, massa e pedaços de carne, foram reformuladas. Com o uso do liquidificador, elas se tornaram cremosas, aproximando-se das sopas delicadas da culinária francesa, preparadas no *passe-purée* e *chinois* (utensílios inexistentes no Brasil de então). O acréscimo de gemas ou de creme de leite em lata dava o toque aveludado e chique da receita, que foi rapidamente aceito e assimilado pela classe média urbana em formação, ávida por "novidades".

Outra categoria de receitas criada para o liquidificador foi a das bebidas elaboradas com frutas e leite. O apelo da digestão fácil e do preparo quase instantâneo, capaz de preservar todas as substâncias nutritivas dos ingredientes frescos, acabou dando o nome a esse grupo de receitas: vitaminas. Banana com mel e leite, mamão com leite e maçã e leite com abacate foram as primeiras receitas difundidas, e ocorreram simultaneamente à promoção dos produtos. O mote repetido durante as aulas estava alinhado à comunicação massiva do produto na década de 1950: "O seu liquidificador Walita vale por cinco". Ao comprar o liquidificador Walita abria-se o caminho para a aquisição de, pelo menos, quatro outras peças que poderiam ser acopladas ao motor, exercendo diferentes funções: a centrífuga para a extração do suco de legumes; o misturador de massas (Tur Mix), um aparelho que fazia as vezes da batedeira de bolos e que, como o próprio anúncio declarava, ainda custava "muito menos"; o "bojãozinho", uma espécie de moedor que transformava-se em pote para armazenamento e, por fim, um descascador de batatas. Este último, um produto licenciado, não chegou a permanecer no mercado por muito tempo – ao remover a casca, retirava parte das batatas, o que causava sensação de desperdício para o consumidor brasileiro. O misturador de massas Tur Mix ainda era acompanhado de um espremedor de frutas (figura 4.5).

Interessante observar que, ao longo dos anos, cada um desses produtos foi ganhando vida própria, elevando o custo de aquisição unitário e povoando a cozinha com um verdadeiro arsenal de aparelhos elétricos. Nos anos 1980, o mercado oferecia desde abridores de lata até centrífugas de legumes, passando por liquidificadores, batedeiras para bolos, espremedores de frutas, torradeiras, sanduicheiras, etc.

As personagens retratadas no anúncio da figura 4.5 confirmam e reforçam o que seria uma família de classe média ideal na década de 1950: a mulher surge como "rainha do lar", com todas as suas atenções voltadas para o bem-estar dos filhos e do marido, como divulgava matéria publicada na mesma revista (*O Cruzeiro*), de 1960:

Figura 4.5. Anúncio publicado em 1954 na revista *O Cruzeiro* destaca a polivalência do liquidificador, que "valia" por cinco produtos.
Fonte: *O Cruzeiro*, Rio de Janeiro, abr. de 1954.

> Em uma união feliz os cônjuges se complementam, porque cada um tem o seu papel naturalmente definido no casamento. E de acordo com esse papel natural chegamos a acreditar que caiba à mulher maior parcela na felicidade do casal: porque a natureza dotou especialmente o espírito feminino de certas qualidades sem as quais nenhuma espécie de sociedade matrimonial poderia sobreviver bem. Qualidades como paciência, espírito de sacrifício e capacidade para sobrepor os interesses da família aos seus interesses pessoais. (Bassanezi, 2007, p. 627)

No início da década de 1960, os cursos da escolinha passam por uma reformulação, ganhando, nas palavras de Danilo Caim, uma "*new face*": a ideia seria aliar a compra por impulso, que existia no período em que as demonstrações eram feitas nos corredores das lojas, com o conforto oferecido pelos clubes e instituições sociais, lugares em que as alunas poderiam assistir às aulas mais longas sentadas, participar da degustação, concorrer a brindes e sorteios. E, dessa forma, de uma atividade promocional, a Escolinha Walita passou a fazer parte da própria negociação de vendas. Sabendo antecipadamente que sua loja seria a patrocinadora da escolinha, o revendedor deveria abastecer-se com determinada cota de produtos adquirida em condições especiais, que, por sua vez, seria comercializada ao término das aulas também em condições atrativas para as donas de casa. Ou seja, ele poderia praticar descontos ou facilitar o crédito de modo diferenciado das demais lojas da região que não estivessem nesse regime de parceria. O público consumidor, motivado em adquirir o produto, já estaria em seu estabelecimento comercial, o que era uma facilidade para a efetivação da venda. De acordo com os levantamentos feitos pelas regionais Walita, durante a permanência dos cursos, o volume de vendas crescia entre 50% a 80% em comparação aos demais meses. E o mais importante era que, nos meses subsequentes às aulas, criava-se um residual em torno de 10% a 15%, o que significa dizer que a saída de produtos crescia cerca de 15% e firmava-se nesse novo patamar. Em contrapartida, o revendedor que firmasse esse tipo de parceria também se comprometia a designar um espaço específico em sua loja, oferecendo a estrutura de água, bancada e cadeiras, sendo que, em determinadas lojas, havia uma cozinha totalmente equipada, onde o revendedor também poderia divulgar outros itens disponíveis em seu estabelecimento, como geladeiras, fogões, armários, etc.[58] Os materiais de divulgação em pontos de venda e as chamadas em rádios e jornais locais deixam de ser atribuição exclusiva da Walita, como até então havia sido. A partir dessa reformulação, os custos de divulgação passaram a ser rateados entre a Walita e o revendedor patrocinador, um dado que por si só revela que

[58] Nos anos 1990, algumas redes de supermercados ainda contavam com salas de aula voltadas para a culinária. Hoje, esse tipo de atividade tende a acontecer em lojas de atacadistas e distribuidores de produtos das áreas de confeitaria e panificação. As aulas são dirigidas a um público que busca uma chance de profissionalização na área de *food service*, com menor enfoque ao consumidor final.

o volume de vendas atingido de fato compensava o desembolso feito pelo lojista.

Ainda segundo Danilo Caim, essa reformulação veio acompanhada de uma série de medidas que permitiram um maior controle sobre as operações. As regiões onde as chuvas concentravam-se no meio do ano deveriam receber a escolinha nos meses de dezembro, janeiro e fevereiro, pois a chuva prejudicaria o comparecimento das alunas aos pontos de venda. As receitas demonstradas em aula também passaram a ser previamente planejadas – durante o verão, o enfoque recaía nas bebidas geladas e entradas refrescantes, e no inverno, ocorria o inverso. Esse planejamento prévio das categorias de receitas que seriam ensinadas ao longo do ano abriu caminho para que a Walita também firmasse parcerias com empresas de alimentos. O acordo funcionava da seguinte maneira: a empresa produtora de alimentos industrializados (ou a gerência específica de cada produto, que possuía verba e autonomia para esse tipo de atividade) doaria seus produtos para a demonstração em aula, degustação e sorteio para as alunas (geralmente *kits* com toda a linha de produtos) e, em troca, receberia a divulgação de usos e a exposição do nome e da marca dos itens oferecidos nas receitas destinadas às alunas.

Dessa maneira, algumas receitas ensinadas na época mantiveram-se até hoje: o bolo de cenoura recoberto com a casquinha de chocolate em pó ou com Nescau, o recheio de baunilha engrossado com Maisena, as tortas salgadas de liquidificador feitas com atum ou sardinha em lata, além do próprio pudim de leite elaborado com o Leite Moça, também preparado no liquidificador. Esse tipo de parceria fez com que a divulgação de receitas elaboradas com alimentos industrializados se expandisse por diferentes canais de comunicação, ganhando assim maior penetração no mercado consumidor. No caso da Nestlé, que já fazia divulgação maciça em rótulos de produtos, anúncios em revistas, folhetos e fôlders gratuitos, foi um elemento a mais de disseminação com um público aberto a conhecer as maravilhas da "cozinha moderna". Para empresas que não tinham tradição em divulgação de receitas, a escolinha se torna o canal ideal de disseminação de usos e de exposição à marca com um custo mínimo. No manual da batedeira Jubileu, de 1964, e do liquidificador Perfeição Absoluta, de 1961, são várias as receitas desenvolvidas nesse sistema: faz-se menção específica às marcas Nescafé, Nescau (ambas da Nestlé), Karo, Martini, essências Cabeça Branca (Oetker), Maisena (produto da Refinações de Milho Brasil, hoje, Unilever), Swift, dentre outras.

As alunas da Escolinha Walita eram, na maioria, donas de casa das classes média e média alta. Assim, procurou-se também divulgar uma série de serviços correlatos às receitas: dicas de como arrumar uma mesa para refeições formais, sugestões de drinques para serem servidos antes do jantar, como o coquetel de tomate preparado no liquidificador, a batida de coco, a meia de seda e vários outros, uns com o sabor adaptado para as mulheres, em que o doce prevalecia; outros, destinados aos homens, elaborados com rum, gim ou outra bebida alcoólica (figura 4.6).

aperitivos e ponches

COQUETEL "SÃO PAULO"

½ xícara de água
1 ôvo
1 colher das de sopa de açúcar
1 cálice de rum

Bater até misturar bem.
Servir gelado.

GEMADA REAL COM VINHO DO PÔRTO

2 ovos
½ copo de vinho do Pôrto
1 colher das de sopa de açúcar
4 cubos de gêlo

Colocar tudo no liquidificador, ligar o motor em alta velocidade.

"FIZZ" PRATEADO

2 colheres das de sopa de açúcar
Suco de 1 limão
1 cálice de rum
1 clara de ôvo
½ xícara de gêlo partido

Ligar o motor e colocar os ingredientes aos poucos. Bater bem. Servir em copos altos, com cubos de gêlo. Completar o copo com água ou soda. Mexer bem.

ÊLE E ELA

Ligar o liquidificador e triturar:
1 limão-galego, sem semente
(Proceder como na receita de "Batida Paulista")

Desligar e juntar uma colher das de sopa de açúcar, duas medidas de rum, um cubo de gêlo. Bater um minuto, coar e servir.

"FIZZ" DOURADO

O mesmo que o prateado, substituindo a clara pela gema de ôvo.

BATIDA PAULISTA

Ligar o liquidificador e triturar:
1 limão-galego, bem lavado, cortado em 4 pedaços e sem as sementes

Desligar, juntar açúcar, um copo de caninha e gêlo moído. Bater um minuto, coar e servir em cálice decorado com um anelzinho de açúcar.
Modo de decorar o cálice — Um pires de suco de limão, um pires de açúcar. Umedecer a borda do cálice no suco de limão e, em seguida, emborcá-lo no açúcar.
Colocar o cálice no refrigerador meia hora antes de servir o aperitivo, que deve ser despejado um pouco abaixo do anelzinho de açúcar.

BATIDA DE CÔCO

Colocar no liquidificador:
1 côco cortado em tiras e ralar

Levar ao fogo e fazer uma cocada mole, juntando 2 gemas e açúcar. Deixar esfriar. Bater no liquidificador juntamente com o doce, 1 garrafa de caninha; deixar por umas horas no refrigerador. Coar e engarrafar, mantendo sempre no refrigerador.

RICO EM CÁLCIO

Colocar no liquidificador:
1 ôvo inteiro (com casca)
Açúcar, casquinha de limão
1 copo de "Martini" doce
4 cálices de rum
Gêlo moído

Ligar o aparelho por alguns minutos. Servir em copos apropriados.

"MEIA DE SÊDA"

(receita gostosa e econômica)
1 garrafa de guaraná
1 lata de leite condensado
1 copo de vinho do Pôrto

Deixar no refrigerador. Bater no liquidificador na hora de servir.

"STROMBOLI"

1 lata de leite condensado
A mesma medida de licor de cacau
1 copo de rum

Deixar na geladeira e bater no Liquidificador Walita na hora de servir. Juntar água, se necessário.

"AEROMOÇA"

Colocar no liquidificador:
1 lata de leite condensado
A mesma medida (1 lata cheia) de vodca
½ medida (½ lata) de água
1 envelope de açúcar vanile

Bater bem. Servir bem gelado.

COQUETEL À SICILIANA

Colocar no liquidificador:
3 colheres das de sopa de leite condensado
1 fatia de abacaxi cortada em pedaços
Suco de 1 limão

Ligar o aparelho e acrescentar:
Um pouco de rum ou gim
Um pouco de açúcar e gêlo

COQUETEL PRESIDENTE

Colocar no liquidificador:
1 copo de "Martini" tinto
½ copo de "Ron Merino"
Suco de 1 limão
1 colher das de sopa de açúcar
Gêlo

Bater bem e servir em copos decorados com açúcar, juntando a cada um uma azeitona ou uma rodelinha de limão.

COQUETEL FEMININO

Colocar no liquidificador:
1 copo de leite fresco
1 cálice de xarope de framboesa
½ banana
½ laranja

Ligar o aparelho e bater por um minuto. Juntar uma colher de gêlo moído e servir.

DOMINGO DE SOL

Colocar no liquidificador:
½ cálice de vermute "Martini" tinto
1 colher de gêlo moído
¼ de cálice de xerez aromático
¼ de gim sêco
8 gôtas de licor de açucena

Bater bem, colocar em cada cálice um morango ou pedacinhos de maçã.

COQUETEL BROTINHO

Colocar no liquidificador:
2 cálices de leite
2 cálices de suco de laranja e
1 cálice de xarope de "grenadine"

Ligar o aparelho e acrescentar:
½ pêssego
⅓ rodela de abacaxi

Bater por um minuto e servir em cálices.

COQUETEL CÉU PERNAMBUCANO

Colocar no liquidificador:
2 tomates cortados em pedaços
Suco de 1 limão
2 colherinhas de môlho picante
2 pequenos jorros de môlho inglês

Ligar o liquidificador e acrescentar:
um pouco de gêlo moído
um pouco de sal ou açúcar.

Bater por um minuto e servir em cálices apropriados.

COQUETEL OUTONAL

Colocar no liquidificador:
1 cálice de xarope de "grenadine"
2 cálices de leite fresco
1 rodela de abacaxi
½ laranja

Ligar o liquidificador e juntar uma colher de gêlo moído. Bater por um minuto e servir em cálice apropriado.

Figura 4.6. Para o público adulto, receitas de drinques e coquetéis no manual de instruções do liquidificador Perfeição Absoluta, em 1961.

Fonte: Memória Walita. Disponível em: <http://www.memoriawalita.cjb.net>. Acesso em 3-5-2012.

No manual do liquidificador Perfeição Absoluta, de 1961, há uma chamada para os "cursos volantes" da empresa, que já estão distribuídos por todo o território nacional. Note-se também que, nesse primeiro momento, o objetivo era descobrir o maior número possível de utilidades para o liquidificador, como a "pasta de limpeza", na qual se misturavam sabão em pó, açúcar, óleo e água, conforme receita divulgada nesse manual (figura 4.7).

SORVETE PAULISTA

Bater no liquidificador:

2 xícaras de creme de leite até dar consistência. Reservar
2 colheres das de chá de gelatina em pó
¼ de xícara de água fria
2 xícaras de leite fervente
1 colher das de sopa de baunilha

Pôr a gelatina na água fria, durante 5 minutos e dissolver no leite fervente. Juntar o açúcar e mexer bem. Deixar esfriar e juntar a essência de baunilha.

Despejar na fôrma e levar ao congelador. Antes de endurecer, juntar o creme. Levar novamente ao congelador. Depois de 1 hora, bater novamente, deixando-o no congelador até a hora de servir.

SORVETE DE AMÊNDOAS

150 grs. de amêndoas peladas e trituradas no liquidificador.

1 ½ litro de leite
6 colheres de açúcar
2 claras em neve.

Bater as claras no liquidificador e juntar o leite, batendo sempre. Adicionar as amêndoas e o açúcar. Bater bem e despejar na fôrma. Deixar algumas horas no refrigerador, retirar, bater novamente e levar ao congelador até a hora de servir.

SORVETE DE GUARANÁ

Colocar no liquidificador:

3 claras

Bater em neve. Juntar uma garrafa de guaraná e uma lata de leite condensado. Bater bem.

Levar ao congelador.

PASTA DE LIMPEZA

O Liquidificador Walita também mistura xampús, ou resíduos de sabão com água morna, para a limpeza de vídros, móveis, etc. como esta receita de pasta de limpeza.

2 pacotes de sabão em pó
2 colheres das de sopa de açúcar
4 colheres das de sopa de óleo "A Dona"
1 copo de água

Triturar o sabão no liquidificador, juntar os demais ingredientes e levar ao fogo brando até aparecer o fundo da panela ou seja, até o ponto de pasta. Como você vê, o Liquidificador Walita possui uma aplicação para cada fim. E vamos deixá-la aqui entregue às suas próprias experiências... porque quem tem WALITA tem tudo!

Estamos presentes em todo o Brasil com a Escolinha Walita. Mantemos permanentemente cursos volantes em tôdas as cidades brasileiras.

Assim, quando a Escolinha Walita visitar sua cidade, não deixe de fazer sua inscrição INTEIRAMENTE GRÁTIS — para frequentar suas aulas e aprender centenas de outras novas receitas, aperfeiçoando ainda mais seus conhecimentos culinários.

— 32 —

Walita s.a. eletro-indústria

RUA DR. ÁLVARO ALVIM, 76 — SÃO PAULO

FILIAIS:

rio de janeiro	Rua México, 90 – 2.° andar
pôrto alegre	Rua 7 de Setembro, 1116 5.° and. – Caixa Postal 2489
curitiba	Rua Monsenhor Celso, 154 10.° andar
recife	Praça da Independência, 29 4.° andar
belo horizonte	Rua dos Caetés, 530 4.° andar
salvador	Avenida 7 de Setembro, 1 Ed. Sulacap (andar térreo)

POSTOS AUTORIZADOS

Uma extensa rêde de Postos Autorizados em todo o País, com peças originais da fábrica, sempre à sua disposição, garantem permanentemente o funcionamento perfeito do seu aparelho.

Figura 4.7. A Walita busca divulgar novos usos para o liquidificador: o manual do Perfeição Absoluta em 1961 traz a receita de uma pasta de limpeza. No rodapé, a chamada para os cursos volantes da empresa.

Fonte: Memória Walita. Disponível em: <http://www.memoriawalita.cjb.net>. Acesso em 3-5-2012.

As receitas demonstradas em aulas seguiam a linha conceitual das sugestões apresentadas nos manuais de produto, oferecendo o diferencial do preparo na hora e a possibilidade da degustação, que seria a prova final dos benefícios de sabor da receita e que motivavam a dona de casa a reproduzi-la no lar. Pelo que se pôde observar nas páginas do manual do liquidificador Perfeição Absoluta, nos anos 1960, as receitas de doces ainda mereciam maior espaço de divulgação do que os pratos salgados, acompanhando a tendência de que, no Brasil, cabia à dona da casa o preparo dos doces e das comidas de "agrado", e não o trivial, responsabilidade das criadas. Entre os salgados, há preparos de massas para salgadinhos, bolos salgados, sopas cremosas, recheios para tortas, para carolinas e também para sanduíches. Mas o principal uso foi mesmo nas receitas de bebidas (um dos apelos do liquidificador era a possibilidade de moer gelo para o preparo de drinques), que, somadas, chegam a 43% do total apresentado (quadro 4.1). Vale ressaltar que o manual tinha mais de 30 páginas, com cerca de 10 receitas em cada uma delas.

Quadro 4.1
Distribuição de receitas no manual do liquidificador Perfeição Absoluta de 1961

Categorias de receitas	Quantidade
Doces	40 receitas
Temperos para saladas, maioneses e pratos salgados	34 receitas
Bebidas com leite	33 receitas
Drinques (aperitivos e ponches)	25 receitas
Bebidas vitaminadas (preparadas com frutas e legumes)	24 receitas
Pastas para canapés e sanduíches	16 receitas
Receitas para crianças depois da primeira infância	16 receitas

Fonte: Memória Walita. Disponível em: <http://www.memoriawalita.cjb.net>. Acesso em 3-5-2012.

Segundo o acervo Philips/Walita, em 1961 já haviam passado pela escolinha mais de 300 mil donas de casa de todas as regiões do Brasil. As aulas eram ministradas às terças, quartas, quintas e sextas-feiras, nos períodos da tarde e da noite. Às segundas-feiras -- e, em alguns casos, aos sábados –, preparavam-se aulas específicas para os vendedores das lojas, ministradas também pela instrutora da Walita. O objetivo dessas aulas era capacitar a equipe de vendas no manejo e no conhecimento de uso dos aparelhos. Assim, aproveitavam-se o tempo e o *know-how* das professoras de culinária e se prestava um serviço aos revendedores que patrocinavam a ação.

O encerramento das atividades da Escolinha Walita no revendedor da cidade era feito em grande estilo, geralmente em um espaço maior, como clubes ou salões de festas com capacidade suficiente para acomodar cerca de mil participantes. Além da presença dos responsáveis pela ação na Walita e do próprio revendedor, não raro o evento contava com a presença de autoridades locais. Após a solenidade com discursos e entrega simbólica de certificados a algumas alunas (as demais retiravam o certificado no próprio local, já que a quantidade de participantes era bastante grande), acontecia um jantar seguido de uma espécie de "mini-*show*" comandado por músicos ou cantores de certa visibilidade na época, o que transformava a solenidade em um acontecimento na cidade. Havia também o sorteio de eletrodomésticos Walita e, em alguns casos, de outros produtos que o revendedor tivesse interesse em promover.

Em 1971, a Walita é incorporada pela empresa holandesa Philips, que já atuava no mercado brasileiro desde a década de 1920 e que, além de manter a marca, dá continuidade às atividades da escolinha. Por fim, em 2002, a atividade foi reavaliada, dadas as modificações de comportamento do consumidor com relação ao estilo de vida e, consequentemente, à alimentação. O modelo familiar já era completamente diferente do padrão estabelecido nos anos 1960, as expectativas em relação ao papel das mulheres e dos homens no âmbito doméstico pediam novos caminhos. A empresa busca "rejuvenescer" a imagem da escolinha, mudando o nome da atividade para Walita Cooking Tour. As aulas volantes, que na década de 1990 já haviam rareado bastante, são extintas. Um ano depois ocorre mais uma mudança: as aulas passam a ser coordenadas pelo Centro Culinário Walita, que ganha um novo espaço no edifício Philips Business Center, em São Paulo, além de um *site* específico, no qual as receitas criadas pela cozinha experimental podem ser pesquisadas. Atualmente, esses serviços estão desativados.

A capacidade de comunicação e de persuasão que a empresa obtinha por meio da escolinha se reduz significativamente. No relato de Danilo Caim, o conceito da Escolinha Walita era justamente o de ter à frente de suas aulas uma mulher que não tivesse o perfil de uma especialista. Ao contrário, procuravam donas de casa que gostassem de cozinhar e que tivessem empatia e facilidade de comunicação. Esses atributos pessoais criariam um vínculo de identificação e de credibilidade junto às alunas – a instrutora era uma mulher como elas, que teve a oportunidade de conhecer os eletrodomésticos em primeira mão, testou-os em sua casa e que estaria transmitindo dicas de uso para outras donas de casa. Mas quem seria essa "dona de casa comum", e como ela se aproximou da indústria de alimentos e eletrodomésticos?

De dona de casa a culinarista

A figura da professora, instrutora ou – como mais tarde convencionou-se chamar – culinarista surgiu da necessidade que os fabricantes de alimentos e eletrodomésticos sentiram de divulgar o uso e o funcionamento de seus novos produtos para os consumidores finais. A Walita investiu de modo contínuo nesse tipo de atividade por pelo menos três décadas, mas outras empresas de grande porte, como Nestlé, Refinações de Milho Brasil, Sadia, Continental, Sharp e Panasonic, dentre outras (as três últimas atuando de modo mais específico na divulgação do uso de *freezers* e fornos de micro-ondas nos anos 1980 e 1990) também adotaram esse tipo de estratégia de comunicação, ainda que de maneira descontinuada.

A maioria das professoras de culinária não chegou a fazer parte do quadro de funcionários dessas empresas. Os cursos geralmente estavam atrelados aos departamentos de Promoção e *Marketing*, que, por sua vez, contavam com agências especializadas incumbidas de fazer os contratos de trabalho temporário e de organizar a logística das ações. Algumas professoras chegaram a abrir microempresas, fornecendo notas fiscais para os serviços prestados diretamente às empresas que as requisitavam. A aproximação desse perfil de mulheres com os fabricantes de alimentos e eletrodomésticos geralmente acontecia de modo bastante informal: alguém dentro da própria companhia conhecia uma pessoa que se enquadrava no perfil procurado: uma boa dona de casa que gostasse de cozinhar, que tivesse desembaraço para falar em público e que precisasse de uma fonte de renda, ainda que adicional. Algumas delas não contavam com a presença do marido provedor, uma realidade que foi excluída do discurso das revistas femininas dos anos 1950 e 1960 – viúvas, mães solteiras, mulheres casadas com alcoólatras, com maridos desempregados e que, do dia para a noite, deparavam-se com a necessidade de criar os filhos e sustentar a casa sozinhas.

Outra porta de acesso para a função de culinarista era o bom desempenho na área de demonstração. As moças que serviam degustações ou davam informações sobre os produtos em pontos de venda, e que apresentassem boa comunicação e desembaraço no manuseio de alimentos, poderiam tornar-se professoras. Para tanto, elas passavam um período de "estágio", atuando como "assistente da culinarista" na organização de bandejas com os ingredientes, lavando a louça ou, ainda, preparando previamente as degustações. Uma vez familiarizadas com a atividade, passavam a dar as aulas de culinária. Danilo Caim se refere às instrutoras Walita como "verdadeiras autodidatas, mulheres vocacionadas e abnegadas, formadas na universidade da vida: Jandira, Valdomira, Joselita, Carlota...".

Brian Owensby (1999) descreve as décadas de 1940 e 1950 como um momento de incertezas para uma classe média em formação, que se via ameaçada em perder o padrão de vida com as sucessivas crises inflacionárias. Prover os recursos necessários para que a esposa pudesse dedicar-se inteiramente ao lar era o objetivo a ser atingido pelos homens de classe média, mas, quando a família corria o risco de ver seu *status* decair, a solução seria encontrar uma fonte de renda adicional por meio do trabalho feminino. Como mencionado no capítulo anterior, os cursos de magistério e de contabilidade foram os que melhor se adequaram a esse tipo de situação, na medida em que permitiam a jornada de meio período, possibilitando que a mulher também desempenhasse seu papel de dona de casa. Ainda segundo esse autor, os fabricantes de máquinas de costura exploraram de modo eficaz o temor da classe média em decair socialmente fazendo anúncios publicitários que enfocavam a economia que seu produto poderia gerar:

> Revistas dirigidas ao público feminino publicavam anúncios de máquinas e de cursos de costura, sugerindo às mulheres e esposas que trabalhavam fora a criação de sua própria moda, a fim de parecerem "modernas e elegantes", sem ter a despesa de compra. (Owensby, 1999, p. 109)

Foram muitas as mulheres que se dedicaram à atividade de culinarista, dando aulas em pontos de venda e também em entidades sociais por todo o Brasil: Archaluz Hamparian, Teresa Souza Lima, Miriand Teixeira, Luzinete da Veiga, entre tantas outras que ganharam reconhecimento e admiração no meio em que atuavam, tornando-se realmente "formadoras de opinião". Por não possuírem um vínculo empregatício com os fabricantes, as professoras de culinária ficavam livres para trabalhar para várias empresas, estabelecendo um compromisso ético de não aceitar aulas cujos produtos concorressem diretamente. Parte desse grupo de mulheres identificou nessa área de atuação uma oportunidade profissional, chegando a abrir restaurantes, confeitarias e até mesmo escolas de culinária particulares.

A culinarista Marilene Piedade, em entrevista realizada em 2009 para esta obra, narrou a sua experiência nesse segmento. Após concluir os estudos do curso ginasial (o equivalente ao que hoje seria o Ensino Fundamental), sua intenção era dar aulas para crianças em idade pré-escolar e, para isso, fez um exame para ingressar no Instituto de Educação Nossa Senhora da Penha, onde se formou no curso de magistério três anos depois, em 1966. Mas sua atividade como professora de jardim de infância durou pouco, já que, no ano de 1968, ela se casou. Com a chegada da primeira filha, o trabalho fora de casa começava a ser questionado pelo marido, e, a partir de então, Marilene dedicou-se exclusivamente às atividades no lar.

No final da década de 1970, uma amiga sua, Sueli Rutkowiski, resolve fazer no Instituto Brasileiro de Alimentos Supergelados (Ibragel) um curso para aprender uma técnica culinária ainda desconhecida na época: o congelamento de alimentos em *freezers* domésticos. Percebendo nesse ramo de atividade uma boa oportunidade comercial, Sueli abre, em 1980, a escola de culinária Show de Cozinha (primeiro no bairro da Penha e, depois, no Tatuapé, em São Paulo), onde inicialmente ensinava o manuseio do *freezer* e também fazia a venda de utensílios específicos para a técnica de congelamento (bandejas e potes próprios para o congelamento de alimentos, bombinhas para a retirada do ar dos recipientes que seriam congelados, etiquetas, etc.). A procura pelos cursos oferecidos por Sueli cresceu rapidamente – segundo Marilene, muitas patroas enviavam suas empregadas para aprender receitas novas e fazer o congelamento das refeições para o final de semana (nessa época surgiu uma nova ocupação para as cozinheiras e empregadas domésticas, que passaram a atuar como "*freezeiras*", indo na casa das pessoas por um ou dois dias para deixar o cardápio da semana pronto e congelado). Para auxiliar na marcação de aulas e no pré-preparo das demonstrações em si, Sueli convidou Marilene para trabalhar durante meio período, enquanto seus filhos estavam na escola. E foi dessa maneira que Marilene Piedade tomou contato com o universo da culinária.[59] Assistindo às aulas ministradas por Sueli e por professoras que ensinavam as receitas "da moda" (como as mousses de chocolate de Teresa Sousa Lima, culinarista da Nestlé que aproveitava o interesse por receitas novas ministrando aulas particulares em escolas de pessoas conhecidas), Marilene começou a se interessar pela atividade. Em meados dos anos 1980, Sueli firmou contrato de trabalho com a Cônsul, que passou a patrocinar as aulas de congelamento em sua escola e também em lojas. No entanto, um imprevisto a impediu de fazer uma demonstração em Santo André, onde cerca de 100 pessoas estavam inscritas; a solução encontrada foi enviar Marilene, que já conhecia o modelo e o funcionamento da atividade, para dar a aula.

O lado organizacional e didático já havia sido exercitado anos antes, quando dava aulas na pré-escola, e, somando sua experiência como dona de casa e como auxiliar de Sueli, ela decidiu ir. Essa primeira aula em Santo André foi emblemática – logo no início, quando deu as costas para o público para abrir a porta do *freezer* e mostrar o funcio-

[59] Nessa altura do relato, Marilene nos conta que sua mãe não a deixava entrar na cozinha (ela seria professora!), um lugar até então considerado perigoso, muito por conta do fogão a gás, que poderia causar acidentes. Quem a ensinou a preparar os pratos do dia a dia foi a sua sogra, logo após o casamento.

namento do produto, Marilene conta que teve um ímpeto de ir embora, achando que não seria capaz de enfrentar a plateia e dar andamento à atividade. Mas, vencida essa primeira dificuldade, as coisas foram se acomodando – Sueli começou, então, a repassar as aulas patrocinadas pela Cônsul para Marilene e, assim, ela seguiu como culinarista até que, em 1986, uma outra amiga sua que trabalhava na Walita indicou seu nome para um teste na empresa Continental,[60] fabricante de fogões e demais aparelhos da linha branca. A Maison Continental, situada na avenida Brasil, em São Paulo, tinha como função o acolhimento de consumidores para demonstração de aparelhos, além de realizar eventos e de testar os produtos que estavam sendo desenvolvidos. Para tanto, foi instalada uma cozinha experimental completa e salas para discussões em grupo com consumidores, além de um amplo *showroom*, no qual Marilene atuou como funcionária por nove anos, tendo em sua carteira de trabalho o registro de instrutora de culinária. Foi nesse período que o seu aprendizado culinário se desenvolveu – o acesso à biblioteca especializada em culinária, bem como os jantares servidos a grandes clientes e à diretoria da empresa, geraram a possibilidade de um novo conhecimento. Com a entrada da Continental na produção de fornos de micro-ondas, surgiram os cursos de pós-venda: ao comprar um aparelho Continental, o consumidor ganhava uma aula grátis no espaço Maison Continental.

Contudo, mudanças na política de negócios da empresa, aliadas a problemas financeiros decorrentes do Plano Collor e aos boatos de que a empresa seria vendida à multinacional Bosch, fizeram com que a Maison Continental fosse fechada em 1993. Entretanto, nos manuais dos aparelhos Continental ainda vinham anunciados os cursos de pós--venda, e foi assim que Marilene retomou sua função de culinarista, trabalhando como autônoma para a Continental, marcando as aulas de micro-ondas na escola de culinária Show de Cozinha, espaço de sua amiga Sueli. Os conhecimentos firmados durante sua estadia na Continental e em aulas em pontos de venda acabaram gerando novos

[60] Nessa época, sua filha mais velha já estava noiva, e não havia objeção por parte de seu marido de que ela trabalhasse fora do lar.

trabalhos. Empresas como a Sadia, que em 1996 investiu em cursos de culinária em supermercados; a Sakura e a Josapar, que divulgavam seus produtos em feiras e ações de *merchandising*, e, por fim, a Chocolates Garoto, com aulas de bombons e trufas destinadas a consumidores finais e a fabricantes de doces artesanais, passaram a contar com seus serviços, atividade que Marilene exerce até hoje.

Assim como Marilene, a maioria das culinaristas aprendeu o ofício praticamente por conta própria, recebendo das empresas treinamentos específicos sobre a fabricação e o manuseio dos produtos e, vez por outra, dinâmicas de grupo para aprimorar a comunicação e a didática. Na tentativa de preencher essa lacuna, algumas professoras se organizaram em encontros como o Congresso Nacional de Professores de Culinária (Conac) e em entidades regionais, chegando, inclusive, a formar uma associação nacional, a Associação Brasileira de Profissionais de Culinária (ABPC). Técnicos em nutrição, culinaristas e donos de pequenos restaurantes e confeitarias passaram a fazer parte da associação, criada na década de 1990. De acordo com a culinarista Ana Maria R. Tomazoni, em discurso realizado na Assembleia Legislativa de São Paulo em 7 de fevereiro de 2000,[61] um dos objetivos da associação seria o de trabalhar pela regulamentação da formação do profissional em culinária. Esse objetivo acabou se diluindo com o surgimento das graduações em gastronomia. Parte do público desses cursos era composto por culinaristas que buscavam se tornar *chefs* de cozinha.

Um artigo publicado na revista da Philips/Walita, em 1986, já indica que os fabricantes de itens relacionados à cozinha procuravam novos caminhos para a comunicação de seus produtos, visando a outro segmento de mercado:

---

[61] Na ocasião, houve uma solenidade em comemoração ao dia 8 de dezembro, instituído como o Dia do Culinarista. Em discurso, o deputado Geraldo Vinholi ressaltou: "Aprendi um pouco o que faz o culinarista. Os senhores sabem, melhor do que eu, da importância que tem isso no mundo moderno. O mundo se volta, hoje, para a atividade de turismo, que é um alto negócio no mundo todo e, no Brasil, ainda é pouco explorado. E o culinarista tem um papel fundamental até para trazer divisas para o nosso país". Disponível em: <http://www.al.sp.gov.br/StaticFile/integra_sessao/001aSS000207.htm>. Acesso em 3-5-2012.

> Os tempos estão mudando. E parece que para melhor. Pelo menos no que diz respeito à posição do homem quanto ao seu próprio papel dentro do lar. Afinal, se o trabalho fora de casa deixou de ser atribuição exclusiva do homem, nada mais natural que ele também passe a contribuir nos afazeres domésticos e até mesmo a assumir seu lugar na cozinha. Estas são as conclusões a que se pode chegar diante do enorme sucesso alcançado pelo 1º Curso de Arte Culinária Masculina promovido pela Dadalto e pela Walita entre os dias 22 e 25 de outubro de 1985, no auditório das lojas Dadalto no centro de Vitória (ES), onde nada menos que 163 homens participaram ativamente do curso. ("Uma delícia de história", s/d, p.3)

A percepção de uma nova demanda culinária também foi assimilada pela mídia eletrônica, que identificou um próspero segmento de mercado a ser explorado em sua programação. Dessa maneira, surgem os programas de culinária televisivos, que, inicialmente, contavam com a participação de culinaristas.[62] Posteriormente, essas atrações foram se modificando de modo a atender a diferentes públicos. Para uma culinária com forte apelo caseiro e tradicional, destaca-se Palmirinha Onofre. Sugestões mais contemporâneas, voltadas para as classes A e B, são veiculadas em canais pagos por *chefs* como Claude Troisgros, por exemplo. Entre esses dois polos, podem ser encontrados, na TV aberta, "revistas eletrônicas" que, entre suas atrações, trazem um momento destinado à culinária – um exemplo é o programa de Ana Maria Braga. Na TV a cabo, além das atrações "estreladas", há também as comandadas por *chefs* internacionais (Jamie Oliver e Gordon Ramsay, por exemplo), inclusive no formato de *reality show*.

A maioria dos programas da rede aberta aceita a inclusão de *merchandisings*, o caminho encontrado pelas indústrias de alimentos e de eletrodomésticos para manter a divulgação de seus produtos a possíveis consumidores potenciais. Nesse tipo de formato, em períodos de 1 a 3 minutos, o apresentador lê um roteiro desenvolvido pelo cliente e

[62] Os primeiros anos do programa de Ana Maria Braga, na TV Record, foram baseados nesse formato: professoras de culinária reconhecidas em sua comunidade iam até o programa demonstrar as receitas que acreditavam ser os principais sucessos de suas aulas. Hoje, a apresentadora trouxe para si a imagem do *savoir faire* culinário.

sugere uma receita previamente preparada, que pode ser conferida em detalhes na internet. Com isso, busca-se associar a imagem positiva que o referido apresentador tem diante de seu público com a qualidade do produto apresentado.

A inclusão dos diversos tipos de mídia na comunicação de receitas, fenômeno mais frequente a partir de meados dos anos 1990, fez com que a área de atuação das instrutoras de culinária encolhesse significativamente. A profissional autodidata começa a perder espaço para gastrônomos, muitos pertencentes às classes média e média alta, que começam a trabalhar em agências e cozinhas experimentais produzindo receitas com apelo contemporâneo. Algumas empresas começam a patrocinar aulas voltadas para um novo mercado, atuando de modo mais sutil – cursos em locais elegantes (restaurantes ou salas de aula em *shopping centers*), cursos voltados para o público masculino e cursos ministrados por enólogos e por *chefs* de cozinha. Também surgem aulas voltadas para casais, cursos de culinária vegetariana e de comidas *light* e *diet*.

A transmissão de receitas no Brasil, sobretudo a partir do século XX, esteve fortemente atrelada ao estilo de vida urbano reforçado pelas mídias impressas e eletrônicas. As indústrias de alimentos e de equipamentos domésticos souberam capitalizar esse desejo da modernidade em favor de seus produtos, utilizando, para isso, os canais de comunicação disponíveis. As aulas de culinária representaram apenas uma parcela dentro das estratégias de *marketing*, mas talvez tenham sido as que impactaram de modo mais profundo o comportamento culinário doméstico. A pesquisa de receitas no *site* de buscas *Google* é um dos indicativos da penetração de determinadas marcas no universo culinário. Entretanto, a percepção de que esses mesmos produtos podem ser prejudiciais à saúde, na medida em que trazem em sua composição conservantes, aromatizantes, acidulantes e, por vezes, níveis de sal, açúcar, gorduras e calorias excessivos, tem acarretado outras mudanças comportamentais, tanto por parte dos fabricantes, que passaram a investir em itens *diet*, *light* e orgânicos, quanto por uma parcela de seus consumidores, que buscam alternativas plurais para a alimentação do dia a dia. Essa busca ocorre tanto na alimentação fora de casa, mais diversificada, quanto por meio do retorno à comida preparada sem pressa, com os amigos, de preferência em espaços bem planejados para esse fim (e o setor imobiliário já se beneficia desse novo tipo de comportamento).

O movimento *slow-food*, bem como as entidades ligadas aos movimentos ecológicos, são os principais divulgadores de uma alimentação desvinculada das grandes indústrias, e, ao que tudo indica, neste século XXI, novos caminhos serão trilhados. Até que ponto essas novas tendências terão impacto no modo de fazer a cozinha diária? As turmas formadas em gastronomia que estão chegando ao mercado cumprirão papel análogo ao das professoras de culinária no século XX? A busca por uma alimentação saudável e natural será assimilada pela indústria de alimentos e de equipamentos culinários? Em que medida essa influência será absorvida? Parece que chegou o momento de refletir sobre essas questões e ampliar o debate com a comunidade na qual vivemos.

Conclusão: de sinhás a *chefs*, tradições sendo reescritas

A imagem da cozinheira negra e gorda, com um lenço amarrado na cabeça e sempre sorridente à beira do fogão. A refeição farta, elaborada com carne suína, farofas com farinha de mandioca, arroz branco e as inúmeras possibilidades de receitas com feijão, guarnecida pelo angu de milho, quiabo, couve refogada e verduras frescas. O trivial caprichado no qual não poderiam faltar o cozido, o empadão de frango e o picadinho de carne com batata e cenoura, que, segundo Ernani Silva Bruno (1954), era o prato preferido dos estudantes da Academia de Direito de São Paulo em meados do século XIX. Os doces de frutas em ponto de corte – goiabada, marmelada, bananada e, também, o doce de leite cremoso. Refeições hoje identificadas como tipicamente mineiras e paulistas (o que acabou se tornando um estereótipo) pertencem ao universo culinário de um determinado tempo e tipo de vida característicos do Sudeste brasileiro.

Trata-se de um tempo anterior à vida urbana, aos alimentos industrializados e aos eletrodomésticos. É a esse tempo e tipo de vida que dona Risoleta se refere em suas memórias ao narrar o momento em que estabeleceu sua pensão no bairro do Paraíso, em São Paulo, por volta da década de 1940: "Queria fazer comida mesmo, mas para família que gostasse de comer bem. Hoje ninguém não quer mais comer, precisa guardar dinheiro. Antigamente fazia suflê, e rocambole disso e daquilo, enfim, saía muita coisa" (*apud* Bosi, 2007, p. 390). Ela se dá conta de que algo está mudando (o "hoje" de seu depoimento corresponde ao ano de 1976) e que essas mudanças repercutem no tipo de comida e na maneira como se come.

Refrigerantes, hambúrgueres, o strogonoff feito com creme de leite em lata, o *ketchup* e a mostarda industrializados, o bolo salgado cujos principais ingredientes são o peixe enlatado e os legumes em conserva são algumas das receitas "da moda" incluídas no cardápio da classe média da década de 1970. A massa do bolo salgado já era misturada no liquidificador; a receita, então, ficava pronta em menos de 30 minutos, assada no forno do fogão a gás. Etapas de preparo, de fato, foram eliminadas, e não mais havia necessidade de comprar o peixe fresco, limpá-lo e retirar o filé para, depois, com as aparas, fazer um bolinho ou um suflê: ele já poderia ser adquirido nas prateleiras dos Peg-Pag, acondicionados em pequenas latas. Não havia mais lenha para acender e nem braseiro que precisasse vigiar. A cozinha estava livre da fuligem, e as antigas panelas de barro e de ferro já haviam sido substituídas pelas de alumínio, mais leves e brilhantes.

Esse tempo "de antigamente", em que os escravos domésticos e, posteriormente, as cozinheiras de "mão cheia" comandavam o fogão a lenha sob as ordens da dona da casa, coincide com o tempo da "cozinha suja e externa", mencionada por J. Mawe (1978) e analisada por Carlos Lemos (1978) em sua estrutura física. Essa cozinha dos séculos XVII, XVIII e final do século XIX é a que está associada ao labor. Ao longo de todos esses anos, ser quituteira, viver do trabalho das "negras de ganho", ser cozinheira doméstica ou dona de pensão eram atribuições que poderiam ser vistas como uma maneira de "ganhar a vida" honestamente para a mulher empobrecida, mas não um ofício que merecesse ser ensinado e seguido pelas gerações seguintes. As gerações de mulheres nascidas a partir de meados do século XX, como bem explicita Owensby (1999), deveriam estudar para conquistar um emprego assalariado digno, que não envolvesse o trabalho manual. O preconceito em relação à atividade manual, categoria na qual a culinária estava inserida, ainda permanecia forte, e essa força pode ser detectada no próprio ensino técnico feminino, na medida em que os cursos de economia doméstica, idealmente criados para a formação de profissionais capacitados para o mercado de trabalho, foram convertidos em cursos de formação para futuras donas de casa. As alunas desses cursos geralmente eram moças que não tinham condições financeiras de fazer o ginasial clássico.

Em que pese o caráter do labor existente na atividade culinária como um todo, ao que parece, no Brasil existe uma especificidade no que diz respeito ao modo como a cozinha do sal se distingue da doçaria. O doce delicado, que simboliza o agrado e que, como diz Câmara Cascudo, era "oferta, lembrança, prêmio e homenagem" (1983, p. 333), não nasceu como fruto de mão de obra cativa. Ele era preparado pelas freiras e sinhás e seu consumo não estava relacionado à manutenção do corpo como estavam a comida do sal, a rapadura e alguns doces mais rústicos feitos com frutas nativas. O "doce erudito", como foi classificado pelo folclorista Renato Almeida (*apud* Freyre, 1997), era servido em ocasiões especiais, como batizados e festas de casamento, além de ser oferecido às visitas importantes. Mesmo dotados da impermanência às quais todas as preparações culinárias estão sujeitas, esses doces mais delicados implicavam um requinte no acabamento e na decoração que lhes conferia uma consideração especial e os tornava parte da boa educação das mulheres bem-nascidas, ao lado do bordado e do aprendizado do francês – e, mais tarde, do piano.

Entretanto, a partir das primeiras décadas do século XX, esse panorama que se manteve inalterado por séculos começa a ser modificado. A vida nas grandes cidades, onde a energia elétrica aumentava a duração do dia; a chegada dos produtos industrializados e dos eletrodomésticos, que, desde o primeiro momento, foram fortemente associados como elementos de inserção no mundo moderno, aos poucos desfazem os antigos parâmetros. O conhecimento das antigas cozinheiras, como ressalta Máximo da Silva (2002), começa a ser desvalorizado por não se adequar aos preceitos do mundo moderno. Ao acenar com uma cozinha renovada e dissociada do ambiente inóspito comandado pelas escravas e empregadas iletradas, alguns aspectos do labor culinário são derrubados. Um novo espaço físico e uma nova maneira de cozinhar passam a ser divulgados. Um trabalho que precisa ser feito para que a produção de alimentos industrializados e de eletrodomésticos encontre seu mercado consumidor – e, nesse sentido, a classe média em formação desempenhou um papel fundamental.

Rapidez no preparo, economia, higiene, ausência de cansaço e tempo livre são palavras recorrentes na comunicação publicitária desses novos produtos. É feito um investimento maciço por parte das empresas de alimentos e eletrodomésticos na divulgação de receitas alinhadas à cozinha moderna, e, nesse esforço, as novas gerações de mulheres são formadas. Elas aprendem a fazer carne assada na panela de pressão com o acréscimo de extrato de tomate enlatado e caldo de carne em tabletes, almôndegas de carne moída temperadas com envelopes de sopa de cebola desidratada. O frango a passarinho ganha uma crosta feita com maionese e bolacha de água e sal triturada. Mulheres de classe média repassam pequenos livrinhos de receitas que recebem gratuitamente com imagens em passo a passo, para que suas empregadas domésticas incluam as novas sugestões no cardápio familiar. Na doçaria, área que a dona da casa com mais recursos deveria apresentar seus dotes, os "progressos" são ainda maiores. De acordo com as receitas desenvolvidas pelos fabricantes de alimentos e de eletrodomésticos, a imensa variedade de receitas doces que faziam parte dos cadernos de família é sintetizada em "grupos de uso" – três a cinco tipos de bolo (laranja, chocolate, cenoura, coco, formigueiro); três a quatro receitas de pudins (leite, milho, coco, café, laranja); três a cinco tipos de docinhos (beijinho de coco, brigadeiro, cajuzinho, queijadinha), dois ou três pavês e cremes gelados, à base de biscoitos, creme de leite, chocolate em pó e leite condensado – que são suficientes para compor o novo acervo culinário da doçaria moderna. A força da receita básica que se desmembra em variantes, somada à facilidade na memorização desses novos preparos em um ambiente ordenado e agradável, contribui para o estabelecimento dessas novas receitas. E, hoje, os doces tidos como "tradicionais" e "de família" são justamente aqueles cujas receitas foram divulgadas pelos fabricantes de produtos industrializados a partir dos anos 1950 e 1960. A quantidade elevada de gemas, as caldas de açúcar em diferentes pontos de cozimento que faziam parte do caderno de receitas de gerações passadas são substituídas por leite condensado, ovos inteiros e leite dosado segundo a capacidade da lata. A quantidade de gordura que as receitas do início do século XX ainda demandavam também é reduzida, chegando a desaparecer na virada para o século XXI, quando as questões de saúde e a busca pelo corpo magro e perfeito entram em pauta de modo mais acentuado.

O Código de Defesa do Consumidor, criado em 1990, é um marco na relação que até então havia se estabelecido entre fabricantes e consumidores, fazendo com que as empresas abrissem canais de comunicação para acolher manifestações de seu público. A necessidade de cumprir uma nova lei criou, em um primeiro momento, serviços defensivos que visavam proteger os fabricantes de eventuais danos e processos que seus consumidores pudessem causar. Mas, alguns anos depois, esse caráter reativo transformou-se em ações proativas. Todas essas manifestações registradas em cartas, telefonemas e *e-mails* começaram a ser trabalhadas para gerar conhecimento de hábitos de consumo: críticas, reclamações, sugestões para lançamentos de produtos ou até mesmo simples pedidos de receitas são armazenados em bancos de dados, e o cruzamento de informações passa a gerar indicativos de tendências de consumo e oportunidades. Não basta apenas fornecer produtos: para permanecer no mercado, agora é preciso conquistar, encantar e fazer com que os consumidores sejam fiéis à marca.

O número de serviços prestados ao consumidor aumenta – a receita que anteriormente se restringia às embalagens de produtos, a partir de meados dos anos 1970, passou a ser oferecida sob a forma de livros com fotografias bem produzidas, enviados para o domicílio de quem os solicita. *Sites* trazem informações nutricionais, serviços de saúde e dicas sobre alimentos funcionais e nutracêuticos. Serviços que passam a fazer parte das estratégias de comunicação. O moderno não é mais o industrializado; pelo contrário, o aspecto artificial dos alimentos industrializados passa a ser criticado.[63] É necessário, portanto, mostrar que, ao

[63] O livro de Peter Singer e Jim Mason, *A ética na alimentação* (Rio de janeiro: Campus, 2006), aborda de modo contundente esse assunto. Sua premissa é a de que, ao tomar consciência sobre a produção massiva de alimentos (e os danos causados à natureza e aos animais), o consumidor se volte para fontes alternativas de alimentação, que passam pelo boicote de determinados produtos industrializados.

lado da praticidade e conveniência, os alimentos industrializados também podem fazer bem à saúde. Atualmente, os fabricantes de alimentos têm se preocupado em adicionar aos seus produtos microelementos como vitaminas, ômega 3, fibras solúveis e insolúveis. Expande-se a linha de itens à base de soja, apoiada na divulgação de suas propriedades nutricionais.

Novos serviços ao consumidor, produtos que visam suprir demandas de segmentos específicos (diabéticos, celíacos, hipertensos), surgem como resposta a um movimento que combate esse padrão estabelecido, tendo na *fast-food* o seu alvo e expoente máximo. As cidades globais de hoje possuem um ritmo bastante diverso do que era observado há quarenta anos. A família mudou. Pais solteiros, *singles*, ou mesmo famílias "tradicionais" não se encontram mais nos horários das refeições, e o hábito de comer fora e "por quilo" disseminou-se com velocidade espantosa (abrindo, inclusive, outro filão que está sendo amplamente disputado pela indústria de alimentos – o *food service*, ou seja, o fornecimento de produtos semiprontos para grandes utilizadores, como padarias, restaurantes, confeitarias, etc.).

A mudança no hábito alimentar do século XXI envolve, além do tipo de comida, alterações nos vínculos de sociabilidade, tema discutido por Susana Bleil ao tratar de um novo perfil urbano, o "comedor solitário":

> Outra questão pouco discutida é a dissolução crescente dos rituais que acompanham o ato alimentar. A vida nas cidades grandes minimizou a importância do ato alimentar. Parece não importar muito o que se come, com que se come e como se come. O típico habitante da cidade grande come no intervalo de almoço um sanduíche, ou um pedaço de pizza, e bebe um refrigerante, sozinho e de pé, no balcão de alguma lanchonete [...]. A relação de afeto que antes permeava a refeição nas trocas familiares e entre amigos hoje cede lugar a uma alimentação onde o seu parceiro é o aparelho de televisão e, nos países de primeiro mundo, os livros são convidados para o almoço num restaurante. Uma das características deste modelo é o apelo a comer demais. (Bleil, 1998, p. 10)

Atualmente, o domínio de certas técnicas culinárias, o conhecimento dos preceitos da cozinha contemporânea e seus ingredientes preferidos, a identificação, a harmonização e a apreciação de diferentes tipos de vinhos são almejados por uma boa parcela da população, em uma tentativa de diferenciação social por intermédio da comida. As mulheres das classes média e alta parecem ter feito as pazes com a cozinha. Resta saber e refletir, então, com qual cozinha essa reconciliação foi estabelecida – se com a cozinha do trabalho valorizado, já praticado pelas sinhás de antigamente, ou se com a cozinha da obrigatoriedade diária, da subsistência e do labor. A primeira categoria atualmente está associada à imagem do *chef*, do cozinheiro de final de semana que recebe os amigos em casa, às receitas veiculadas pela mídia (algumas alçadas à categoria de arte ou ciência, como as preparações inusitadas do catalão Ferran Adrià). A outra é aquela que, nas palavras de Henrique Soares Carneiro, pode ser compreendida por meio do "paradoxo da condição contemporânea: nunca se produziu tantos alimentos e nunca houve tantos famintos no mundo como hoje em dia" (2003, p. 110). Quando encontra possibilidades para ocorrer, dado que a fome e a subnutrição ainda batem à porta, continua sendo praticada por uma maioria anônima, que permanece na labuta da conquista diária pela manutenção da vida, ainda castigada e escravizada pela necessidade inerente à condição humana.

Bibliografia

ALGRANTI, Márcia. *Pequeno dicionário da gula*. Rio de Janeiro: Record, 2000.

AMERICANO, Jorge. *São Paulo naquele tempo: 1895-1915*. São Paulo: Narrativa Um/ Carrenho Editorial/Carbono 14, 2004.

ANDRADE, Mário. *Os filhos da Candinha.* Belo Horizonte: Itatiaia, 2006.

ANDRADE, Tânia Lima. *Anais do museu paulista: história e cultura material*. Vol. 3. São Paulo, jan.-dez. de 1995.

ARAGO, Jacques. *Jantares em diferentes países: esboço anedótico & fisiológico*. Rio de Janeiro: José Olympio, 2006.

ARENDT, Hannah. *A condição humana*. Rio de Janeiro: Forense Universitária, 2008.

ARTE DE COZINHAR, A. Em *Jornal do Commercio*, 1932.

BARTHES, Roland. *Mitologias.* Rio de Janeiro: Difel, 2006.

BASSANEZI, Carla. "Mulheres dos anos dourados". Em PRIORE, Mary Del (org.). *História das mulheres no Brasil*. São Paulo: Contexto, 2007.

BELLUZZO, Rosa. *Fazeres e sabores da cozinha paulista*. São Paulo: Museu da Cidade de São Paulo/Casa do Bandeirante, 2007.

BLEIL, Susana Inês. "O padrão alimentar ocidental: considerações sobre a mudança de hábitos no Brasil". Em *Cadernos de Debate*, vol. VI, Núcleo de Estudos e Pesquisas em Alimentação da Unicamp, Campinas, 1998.

BLOCH, Marc. *Apologia da história*. Rio de Janeiro: Jorge Zahar Editor, 2002.

BOCUSE, Paul. *A Cozinha de Paul Bocuse*. Rio de Janeiro: Record, 2002.

BOLSONARO, Esmeralda Blanco & FERLINI, Vera Lúcia Amaral (orgs.). *História econômica: agricultura, indústria e populações.* São Paulo: Alameda, 2006.

BORDIEAU, Pierre. *A distinção: crítica social do julgamento*. São Paulo: Edusp, 2008.

BOSI, Ecléa. *Memória e sociedade: lembranças de velhos*. 14ª ed. São Paulo: Companhia das Letras, 2007.

BRANDÃO, Junito de Souza. *Mitologia grega*. Vol. 1. Petrópolis: Vozes, 1986.

BRUNO, Ernani da Silva. *História e tradições da cidade de São Paulo*. Vol. 2. 2ª ed. Rio de Janeiro: José Olympio, 1954.

BURKE, Peter. *O que é história cultural?* Rio de Janeiro: Jorge Zahar Editor, 2005.

CALÇADA, Francisco Henrique & CALÇADA, Elsa Henrique. *É fácil decorar... bolos – doces – salgados*. São Paulo: Editora e Estamparia Calçada S/A, 1958.

CALVINO, Italo. "A palavra escrita e não escrita". Em AMADO, Janaína & FERREIRA, Marieta de Morais (orgs.). *Usos & abusos da história oral*. Rio de Janeiro: FGV Editora, 1996.

CÂMARA CASCUDO, Luís da. *História da alimentação no Brasil*. São Paulo: Edusp, 1983.

CAMARGO, José Francisco. *Crescimento da população no Estado de S. Paulo e seus aspectos econômicos*. Vol. 1. São Paulo: Instituto de Pesquisas Econômicas, 1981.

CAMARGOS, Marcia. *Villa Kyrial: crônica da Belle Époque paulistana*. 2ª ed. São Paulo: Editora Senac São Paulo, 2001.

CARNEIRO, Henrique Soares. *Comida e sociedade: uma história da alimentação*. Rio de Janeiro: Campus, 2003.

CERTEAU, Michel de; GIARD, Luce; MAYOL; Pierre. *A invenção do cotidiano: morar, cozinhar*. Vol. 2. 6ª ed. Petrópolis: Vozes, 2005.

CHAUI, Laura de Souza & CHAUI, Marilena de Souza. *Professoras na cozinha: pra você que não tem tempo nem muita experiência*. São Paulo: Editora Senac São Paulo, 2005.

COSTA, Maria Thereza A. *Supplemento às noções de arte culinária*. São Paulo: Officinas Graphicas da "Ave Maria", 1928.

COUTO, Cristiana. *A arte de cozinha: alimentação e dietética em Portugal e no Brasil (séculos XVII-XIX)*. São Paulo: Editora Senac São Paulo, 2007.

COZINHEIRO NACIONAL: coleção das melhores receitas das cozinhas brasileira e europeias. São Paulo: Editora Senac São Paulo/Ateliê Editorial, 2008.

DIAS, Maria Odila Leite da Silva. *Quotidiano e poder em SP no século XIX*. 2ª ed. São Paulo: Brasiliense, 1995.

DÓRIA, Carlos Alberto. *Estrelas no céu da boca: escritos sobre culinária e gastronomia*. São Paulo: Editora Senac São Paulo, 2006.

FIGUEIREDO, Guilherme. *Comidas, meu santo!* Rio de Janeiro: Civilização Brasileira, 1964.

FLANDRIN, Jean-Louis & MONTANARI, Massimo. *História da alimentação*. São Paulo: Estação Liberdade, 1998.

FONTENELLE, Isleide Arruda. *O nome da marca: McDonald's, fetichismo e cultura descartável*. São Paulo: Boitempo, 2002.

FRANCATELLI, Elmé Charles. *Um simples livro de culinária para as classes trabalhadoras*. São Paulo: Angra, 2001.

FREYRE, Gilberto. *Açúcar.* São Paulo: Companhia das Letras, 1997.

GERODETT, João Emílio & CORNEJO, Carlos. *Lembranças de São Paulo: a capital paulista nos cartões-postais e álbuns de lembranças*. São Paulo: Solaris, 1999.

GRANDE LIVRO de receitas de Claudia, O. 5ª ed. São Paulo: Abril, 2001.

GUIMARÃES, Hélio de Seixas. *Os leitores de Machado de Assis: o romance machadiano e o público de literatura no século XIX*. São Paulo: Nankin Editorial/Edusp, 2004.

HOLANDA, Sérgio Buarque de. *Raízes do Brasil*. Rio de Janeiro: José Olympio, 1973.

KOTLER, Philip; KELLER, Kevin Lane. *Administração de marketing*. São Paulo: Pearson Prentice Hall, 2006.

LEMOS, Carlos Alberto Cerqueira. *Cozinhas, etc.: um estudo sobre as zonas de serviço da casa paulista*. São Paulo: Perspectiva, 1978.

MALUF, Marina & MOTT, Maria Lúcia. "Recônditos do mundo feminino". Em SEVCENKO, Nicolau (org.). *História da vida privada no Brasil: da Belle Époque à era do rádio*. Vol. 3. São Paulo: Companhia das Letras, 2006.

MARIA, Rosa. *A arte de comer bem*. 2ª ed. Rio de Janeiro: Officina Industrial Graphica, 1933.

MARTINS, Elizabete Vitória Dorgan. *Esteriótipos: uma reflexão sobre a eficiência e os efeitos de sua utilização pela publicidade*. Universidade de São Paulo, Escola de Comunicação e Artes. Dissertação de mestrado, 1982, SP.

MATTHIESEN, Alcyr José. *Araras: tempo e memória*. Araras: Topázio SP, 2003.

MAWE, John. *Viagens ao interior do Brasil*. São Paulo: Edusp, 1978.

MENESES, Ulpiano T. Bezerra de & CARNEIRO, Henrique. "A história da alimentação: balizas historiográficas". Em *Anais do museu paulista: história e cultura material*, Nova Série, vol. 5, São Paulo, jan.-dez. de 1997.

MINTZ, Sidney W. "Comida e antropologia: uma breve revisão". Em *Revista Brasileira de Ciências Sociais*, vol. 16, n. 47, out. 2001.

_______. *Tasting Food, Tasting Freedom: Excursions into Eating, Culture, and Past*. Boston: Beacon Press, 1996.

MONTANARI, Massimo (org.). *O mundo na cozinha: história, identidade, trocas*. São Paulo: Editora Senac São Paulo/Estação Liberdade, 2009.

OLIVEIRA, Maria Luiza Ferreira de. *Entre a casa e o armazém: relações sociais e experiência da urbanização em São Paulo, 1850-1900*. São Paulo: Alameda, 2005.

OWENSBY, Brian. *Intimate Ironies: Modernity and the Making of Middle-Class Lives in Brazil*. Stanford: Stanford University Press, 1999.

PADILHA, Márcia. *A cidade como espetáculo: publicidade e vida urbana na São Paulo dos anos 20*. São Paulo: Annablume, 2001.

PORTA, Paula (org). *História da cidade de São Paulo: a cidade na primeira metade do século XX 1890-1954*. Vol. 3. São Paulo: Paz e Terra, 2004.

POSTMAN, Neil. *O fim da educação: redefinindo o valor da escola*. Rio de Janeiro: Graphid, 2002.

QUEIRÓS, Eça de. *Cozinha arqueológica*. Lisboa: Compendium, 1998.

SANTOS, Carlos Roberto Antunes dos. *História da alimentação no Paraná*. Curitiba: Farol do Saber, 1995.

SAVARIN, Brillat. *A fisiologia do gosto*. São Paulo: Companhia das Letras, 1995.

SEVCENKO, Nicolau. "O prelúdio republicano, astúcias da ordem e ilusões do progresso". Em _______ (org.). *História da vida privada no Brasil: da Belle Époque à era do rádio*. Vol. 3. São Paulo: Companhia das Letras, 2006.

SILVA, G. P. & DALLA COSTA, Armando João. "Companhia Ararense de Leiteria (1909-1920): empreendedorismo de Louis Nougués e a diversificação na economia cafeeira". Em *Anais do Encontro Nacional de Economia*. Vol. 1. Recife: Anpec, 2007.

SILVA, João Luiz Máximo da. *O impacto do gás e da eletricidade na casa paulistana (1870-1930): estudos de cultura material no espaço doméstico*. Dissertação de Mestrado. São Paulo: FFLCH-USP, 2002.

SILVA, Paula Pinto e. *Farinha, feijão e carne-seca: um tripé culinário no Brasil colonial*. São Paulo: Editora Senac São Paulo, 2005.

SILVA, Raul Andrada e; MATOS, Odilon Nogueira de; PETRONE, Pasquale. "A evolução urbana de São Paulo". Em *Revista de História*, São Paulo, 1955.

SINGER, Peter & MASON, Jim. *A ética da alimentação: como nossos hábitos alimentares influenciam o meio ambiente e o nosso bem-estar*. Rio de Janeiro: Elsevier, 2007.

SOUZA, Okky de. *São Paulo, 450 anos luz*. São Paulo: Cultura, 2003.

SPOCK, Benjamin. *Meu filho, meu tesouro*. 3ª ed. Rio de Janeiro: Record, 1962.

STEINGARTEN, Jeffrey. *Deve ter sido alguma coisa que eu comi: a volta do homem que comeu de tudo*. São Paulo: Companhia das letras, 2004.

_______. *O homem que comeu de tudo: feitos gastronômicos do crítico da Vogue*. São Paulo: Companhia das letras, 2003.

TRINDADE, Liana Salvia. "O negro em São Paulo no período pós-abolicionista". Em PORTA, Paula (org.). *História da cidade de São Paulo*: a cidade na primeira metade do século XX – 1890-1954. Vol. 3. São Paulo: Paz e Terra, 2004.

ZARVOS, Nick. *Multissabores: a formação da gastronomia brasileira*. Rio de Janeiro: Editora Senac Nacional, 2000.

❖ Acervo escolar – Centro de Memória Instituto Dona Escolástica Rosa

SILVEIRA, Horacio da. *Relatório 1936*. Secretaria dos Negócios da Educação e Saúde Pública – Superintendência da Educação Profissional e Doméstica. Estado de São Paulo: 1937.

SIMÕES, Daisy R. de Lima & TAVARES JR., Waldemar. *O ensino profissional em Santos*. Trabalho não publicado.

❖ Acervos empresariais

Fundação Patrimônio Histórico da Energia e Saneamento: Núcleo de Documentação e Pesquisa

ANÚNCIO The San Paulo Gaz Company LTD. Em *O Estado de S. Paulo*, São Paulo, 14-2-1952.

A ARTE DE COZINHAR. Em *Jornal do Commercio*, 1932.

COMPANHIA DE GÁS DE SÃO PAULO. *Inventário Sumário do Arquivo Histórico*. Código COM, Acesso São Paulo, 1995.

CORREIO DA MANHÃ, Rio de Janeiro, 14-5-1955.

DIÁRIO OFICIAL DO IMPÉRIO DO BRASIL, n. 199, 1-9-1872.

FOLHA DA TARDE, 28-3-1957.

GÁS CLUBE, n. 5. Mensário do Clube Atlético São Paulo Gás, São Paulo, julho de 1955.

GÁS VAI ABRIR CONCORRÊNCIA À MUNICIPALIDADE. Em *O Estado de S. Paulo*, São Paulo, 11-1-1964.

REVISTA DA LIGHT. Rio de Janeiro, abril de 1932.

Nestlé Centro de Memória

100 RECEITAS. Folheto traduzido por Helena Sangirardi. Pasta FLWNB02, 1953.

DIÁRIO 1939. AGWSI00.00.000008, 1939.

FOLHETO VII SALÃO ARARENSE DE ARTES PLÁSTICAS. FLWNB00.00.005, s/d.

INSTITUTO DE ESTUDOS SOCIAIS E ECONÔMICOS. *Estudo básico do leite condensado*. São Paulo: Inese, 1967.

HEER, Jean. *Nestlé ciento veinticinco años: de 1866 a 1991*. Vevey: Nestlé S.A., 1991.

LIVRO DO LEITE MOÇA. Divisão PLEC. MDLM001.00.004, 1966.

NESTLÉ NA VIRADA DO SÉCULO, A, 22-10-1999.

NOSSAS MELHORES RECEITAS. São Paulo: Nestlé Industrial e Comercial Ltda., 1968.

O DOCE BRASILEIRO: as maravilhas de Leite Moça. São Paulo: Nestlé Industrial e Comercial Ltda., 1989.

PROJETO *História da Nestlé no Brasil*. Capítulo 11. Depoimento de Débora Fontenelle a Glauco Carneiro em São Paulo, 27-10-1982.

RELATÓRIOS DE PESQUISA DE MERCADO: Leite Moça. Vols. II e III. São Paulo: ACNielsen, São Paulo, 2003.

RELATÓRIOS DE PESQUISA DE MERCADO: Leite Moça – Latin Panel. São Paulo: ACNielsen, 2003.

SIGNIFICATIVAS LEITE MOÇA. Pasta Suspensa 9.4.C.1-C.

Philips/Walita

ATUALIDADES WALITA, ano I, n. 1, 22-12-1961.

FAMÍLIA WALITA, ano 1, n. 1, 1955.

_______, ano 2, n. 10, maio-jun. de 1957.

FOLHA DE S.PAULO, Caderno Negócios, São Paulo, 21-4-1989.

RELATÓRIO WALITA, Grupo Industrial Eletro-Domésticos, junho de 1971.

VISÃO, São Paulo, 15-1-1965.

UMA DELÍCIA DE HISTÓRIA. São Paulo: Centro Culinário Walita, s/d.

Acervos particulares e receitas de família

ARANHA, Luizila. *Livro de receitas de doces e comidas.* Caderno de receitas manuscrito. Estância Alto Uruguay, 1921.

CHRISTO, Zina Campos. Caderno de receitas manuscrito. São João del Rei, 1897.

FOLHETO Nestlé, década de 1960. Acervo Débora Oliveira.

FONTENELLE, Débora. Palestra realizada na empresa J. Macedo. São Paulo, 2006.

LIBÂNIO, Maria Guilhermina G. Caderno de receitas manuscrito. Pouso Alegre, 1908.

OLIVEIRA, Zuleika Xavier da Veiga. Caderno de receitas manuscrito. Final do século XIX.

SANTOS, Esther Brandão. Caderno de receitas manuscrito. Belo Horizonte, 1910.

❖ Documentos eletrônicos

ITAMBÉ. Página institucional. Disponível em: <http://www.itambe.com.br>. Acesso em 3 mai. 2012.

MEMÓRIA WALITA. Disponível em: <http://www.memoriawalita.cjb.net>. Acesso em 3 mai. 2012.

MOCOCA. Página institucional. Disponível em: <http://www.mococa.com.br>. Acesso em 3 mai. 2012.

REDE GLOBO. *Mais Você.* Disponível em: <http://www.maisvoce.globo.com>. Acesso em 3 mai. 2012.

TUDO GOSTOSO. Disponível em: <http://tudogostoso.uol.com.br>. Acesso em 3 mai. 2012.

Índice remissivo